DE LA
RÉVOLUTION
FRANÇOISE,

PAR M. NECKER.

TOME SECOND.

M. DCC. XCVII.

DE LA RÉVOLUTION FRANÇOISE.

SECTION PREMIERE.

Révolution du 14 Juillet 1789.

LES premières délibérations de l'Assemblée Nationale, où les trois Ordres s'étoient réunis, donnèrent de l'espérance à tous les bons François. Les Députés immédiatement et sans distinction se divisèrent en trente Bureaux pour discuter les affaires publiques ; et cette marche annonçoit le désir d'atteindre au plus grand bien, sans trouble et même sans faste. Mais bientôt un nouveau genre d'alarme se répandit ; on apprit que la Cour faisoit approcher des troupes de Versailles, et que divers Régimens étoient en route. Plusieurs Ministres, et j'étois du nombre, n'eurent connoissance de ces ordres qu'au moment où il devint impossible de les dissimuler à personne. Le Chef du Département de la Guerre en parla comme d'une précaution, motivée par les mouvemens séditieux qui avoient éclaté récemment et à Paris et à

Tome II.   A

Versailles. L'explication étoit naturelle ; mais la défiance s'accrut lorsqu'on fut instruit que M. le Maréchal de Broglie étoit mandé à la Cour et lorsqu'on l'y vit arriver. Je n'ai jamais connu d'une manière certaine le but où l'on vouloit aller : il y eut des secrets et des arrière-secrets, et je crois que le Roi lui-même n'étoit pas de tous. On se proposoit peut-être, selon les circonstances, d'entraîner le Monarque à des mesures dont on n'avoit pas osé lui parler. Le tems seul peut éclaircir complètement ce mystère. C'étoit avec moi sur-tout qu'on se tenoit en réserve, et on le devoit, puisque mon éloignement étoit résolu. On m'en avertissoit, et je ne pouvois le croire : il me sembloit moralement impossible que le Roi prît une pareille détermination, dans un moment où le vœu public venoit de se marquer pour moi d'une manière signalée, dans un moment où je pouvois plus qu'un autre opposer des obstacles à la marche envahissante des Députés du Tiers - Etat, et leur disputer l'opinion ; dans un moment enfin où, par des efforts inouis, je garantissois le Royaume de la banqueroute et de la famine. Mais on avoit circonvenu le Monarque ; on avoit calomnié la prudence et les ménagemens de ses principaux Ministres, et on lui garantissoit la réussite d'un système absolument opposé. En même tems, quelques hommes aveuglés par leur ambition, et qui n'avoient pas mesuré l'étendue des difficultés dont il falloit triompher , s'offrirent avec confiance, les uns pour me remplacer , les autres pour occuper les Départemens de M. de Montmorin, de M. de la Luzerne et de M. de St. Priest. Ils promirent tout ; de l'argent, du crédit, des amis, des subsistances, voire encore des ressources et du génie en proportion de la grandeur des circonstances. Jamais si folle présomption n'entra dans l'esprit de personne : ils n'avoient aucune idée de la force des obstacles ; ils n'en avoient aucune de la violence de l'opinion, contre laquelle ils vouloient combattre et se présentoient en champ clos. C'est toujours dans le mystère que ces révolutions Ministérielles se préparent ; et dès les premières insinuations, chacun demande le secret. Le Prince alors n'a plus pour confidens que les hommes intéressés au succès de leur intrigue ; et en même tems les ambitieux qui veulent devenir ses Ministres , ne peuvent être avertis par aucun bruit , par aucun murmure, de l'insuffisance de leur talens.

Ce fut le 11 Juillet que le Roi m'écrivit de quitter le Ministère et la Cour et la France. On lui avoit donné , je le crois , des conseils plus violens , mais il y résista avec fermeté ; et cette particularité , parmi les événemens que je rappelle , est la seule qui soit restée gravée au fond de mon cœur ; les autres ne tiennent qu'à mon souvenir. Le

(4)

Roi ne m'ordonna pas même de quitter le Royaume, il l'exigea; car dès ce tems il eût douté s'il avoit le pouvoir légal d'exercer un tel acte d'autorité envers personne; mais il étoit bien sûr de mon entière obéissance à ses désirs comme à ses volontés.

Peu de jours après le 23 Juin, incertain s'il m'avoit rattaché sans regret au timon des affaires, je lui dis que si mes services cessoient de lui convenir ou de lui être agréables, je le priois de me le faire connoître, et que je lui demanderois aussi-tôt ma démission. J'ajoutai même que je me retirerois dans ma Terre hors de France, et avec tous les ménagemens propres à diminuer la sensation dont il pouvoit être inquiet. Il me répondit : *je prends votre parole.* Je remarquai cette réponse; mais l'air d'aisance ou le ton de bonté dont le Roi l'accompagna, et par-dessus tout, le torrent des affaires qui m'entraînoit loin de moi, m'empêchèrent de réfléchir long-tems sur un mot dont un autre peut-être auroit été fort occupé.

Je le dis avec vérité, lorsque je reçus l'ordre du Roi, les dangers attachés à cette résolution inconsidérée fixèrent ma seule pensée. J'hésitai même si je ne chercherois pas à entretenir une dernière fois un Prince que j'aimois, et que je voyois égaré par des guides indignes de sa confiance. Il me sembloit, emporté sans doute par mon zèle, qu'il étoit possible encore de le désabuser, de l'arrêter sur les bords du précipice. Je me trompois ; il auroit cru, selon les idées communes, que c'étoit de moi dont j'étois en peine, et il eût considéré ma démarche comme le dernier débat d'une ambition malheureuse. J'eusse été capable cependant de m'exposer au déplaisir d'une pareille interprétation, et j'eusse trouvé de quoi la braver dans le sentiment de ma conscience et dans la pureté de mes motifs ; mais je craignis, en différant d'obéir, de donner un commencement d'éclat à l'ordre que j'avois reçu, et dont l'exécution prompte et silencieuse m'étoit recommandée. Je me soumis donc avec résignation à ce coup de la destinée. La douleur que je ressentois ne m'étoit pas personnelle, elle appartenoit toute entière à l'homme public ; car si j'eusse été capable, en ce moment-là, de distinguer mon lot et de marquer ma part, j'aurois vu qu'on m'affranchissoit de l'épouvantable angoisse où je vivois, et le jour et la nuit, au milieu de la détresse du Trésor Royal et au milieu d'une disette de grains encore plus périlleuse et plus menaçante.

On a déjà vu, dans un Ouvrage de moi imprimé en 1791 (1), l'empressement que je mis à remplir avec une exactitude scrupuleuse les ordres ou les volontés du Roi.

____

(1) Sur l'Administration de M. Necker par lui-même.

A 3

J'étois à trente lieues de Paris, que personne à Versailles n'étoit instruit de mon départ; et sans courrier, sans passe-ports, sans me faire connoître, je fus d'un seul trait de Versailles à Bruxelles.

Cette conduite diligente et secrète me fut inspirée par une idée de devoir; mais, comme il arrive presque toujours, j'eus à m'en applaudir sous le rapport de mon intérêt personnel; car si l'on m'avoit reconnu, le Peuple vraisemblablement se seroit attroupé; l'on m'eût empêché de continuer ma route; et les bons amis que j'avois laissés à la Cour n'auroient pas manqué d'attribuer ces obstacles à mon savoir faire. L'apparence eût valu la réalité, et l'on se fût montré aussi injuste envers moi qu'on l'avoit été le 23 Juin.

Mon éloignement des affaires, mon exil, ma disgrace, le renvoi de trois autres Ministres, en jouissance alors de la faveur publique, le choix encore de nos Successeurs, toutes ces résolutions qui coïncidèrent avec l'appel et l'approche des troupes, excitèrent dans Paris une fermentation violente. Les plus honnêtes gens s'associèrent à ce mouvement, tant le mécontentement étoit général; mais plusieurs Chefs d'intrigue, dirigés par des vues personnelles, échauffoient les esprits, irritoient les animosités, et grossissoient habilement le trouble et la fermentation. Le tocsin fut sonné, les Sections s'assemblèrent, l'on arbora des signes de ralliement , les Citoyens en armes se répandirent en foule dans les rües et dans les places publiques, la Bastille fut attaquée , la Bastille fut prise , et le Peuple , enivré par cette entreprise et par son rapide succès, signala cé facile triomphe par des actes de férocité. Le Commandant du fort devint sa première victime. Le Prévôt des Marchands fut assassiné sur les marches de l'Hôtel-de-ville , et le lendemain un Conseiller d'Etat , désigné pour le Département des Finances dans le nouveau Ministère , et son gendre l'Intendant de Paris, furent encore sacrifiés à l'aveugle emportement d'une multitude effrénée.

Ces criminels excès , malheureusement trop semblables aux violences dont les insurrections populaires ont été le signal en tous les tems, ne s'enchaînent que par incident à l'Histoire de la Révolution Françoise. Il n'en est pas de même des résolutions combinées qui se prirent à l'Hôtel-de-ville , et avec le concours de tous les Députés des Sections de Paris. Une nouvelle Municipalité fut formée en leur nom et de par leur vœu , sans aucune médiation de l'Autorité Royale. L'on institua de plus, l'on organisa la Force Armée , devenue depuis si célèbre sous le nom de Garde-Nationale, et l'on en donna le commandement à M. de la Fayette.

Cette troupe , destinée au maintien de l'ordre dans Paris et à la défense de la

Liberté, que l'on croyoit en péril, devoit être composée de tous les Citoyens appelés aux Assemblées Primaires, et leur nombre la rendoit formidable. On n'établit aucune relation entr'elle et le Monarque; et l'exemple donné par la Capitale ayant été rapidement imité dans les Provinces, on vit en peu de tems trois à quatre millions d'hommes en attitude de soldats, relevant uniquement des Autorités Municipales, et dont une grande partie fut immédiatement pourvue d'armes et de munitions, ou par la violence exercée envers les Commandans des arsenaux, ou par d'autres mesures également efficaces.

Cependant cette nouvelle Armée, répartie dans les divers Districts du Royaume, environna, subjugua par sa masse tous les détachemens de troupes réglées placés hors des grandes villes de garnison, et le Ministre de la Guerre ne fut plus le maître de diriger à son gré leurs mouvemens. Ainsi une partie de l'Armée de Ligne devint, en quelque manière, prisonnière au milieu de l'Armée Civique, formée en un instant sous le nom de Gardes Nationales; et dans le même tems on prit soin d'affoiblir la discipline et l'obéissance des Troupes réglées, par tous les genres d'amorces et de séductions.

C'est ainsi que fut détruit presqu'en un moment le principe vital de l'Autorité Royale; car une autorité n'est rien sans la force qui lui sert d'appui ; et cette révolution, préparée sans doute par la disposition des esprits, ne fut pas moins le résultat immédiat de la conduite impolitique que des conseillers sans prévoyance firent tenir au Monarque. Jamais instant ne fut plus mal choisi pour se jouer de l'opinion publique et pour essayer de l'affronter. Jamais elle n'avoit été plus en éveil, jamais plus vigoureuse et plus sûre de sa puissance. On attendoit, avec un intérêt toujours croissant, les opérations d'une Assemblée solemnelle, et qui sembloit tenir en ses mains les destins de la France. On l'environnoit de ses regards, on la suivoit de toutes ses pensées, et l'on croyoit alors universellement que ses résolutions alloient fixer le règne des loix, la liberté, la fortune publique et la grandeur nationale. Les trois Ordres venoient de se réunir, et cet événement tant souhaité avoit ranimé les espérances. Quel moment pour renvoyer les Ministres en faveur auprès de la Nation, et pour leur donner des Successeurs dont les principes auroient effrayé, dans les tems même où les esprits étoient engourdis par une longue habitude du despotisme ! Quel moment encore, pour déployer l'appareil de la violence et pour donner un motif plausible à tous les soupçons et à toutes les inquiétudes ! Mais la plus grande faute, comme aussi la plus irréparable, fut d'avoir donné la mesure de la Force Militaire aux ordres du Prince, et d'avoir signalé les limites de l'usage qu'il en pouvoit faire. Cette Force, en restant dans le vague, en demeurant voilée, auroit servi l'Autorité Royale ; mais lorsqu'une épreuve indiscrète eut dissipé les illusions, eut fixé les incertitudes, tout fut dit, tout fut connu, et le Peuple apprit en un jour, que l'union des volontés étoit la Puissance Suprême.

Il étoit en particulier d'une déraison complète de se heurter contre Paris avec le petit nombre de troupes qu'on avoit rassemblées ; et si les projets concertés dans un Comité secret avoient eu pour but d'en imposer militairement à l'Assemblée Nationale, il eût fallu commencer par éloigner le Roi de Versailles ; il eût fallu lui proposer de se rendre à Compiègne et d'y appeler les Etats-Généraux. Les troubles excités de tems à autre au milieu de la Capitale auroient servi de prétexte à cette détermination ; et la Cour, seule avec les Députés, s'ils avoient obéi, la Cour, avec toutes les garnisons du Nord derrière elle, eût moins périlleusement engagé sa querelle. Mais rien ne fut prévu, rien ne fut calculé par ces mêmes Ministres qui s'étoient présentés, pour gouverner l'Etat et pour dominer de génie toutes les difficultés. Ils éprouvèrent aussi, l'on doit le croire, ils éprouvèrent une contrariété, bien connue de tous ceux qui entreprennent de porter un Prince hors de son caractère. On dispute, on combat, on persuade à demi, et d'une pareille lutte

Il résulte le plus souvent ou une décision qui n'a point de vigueur, ou une sorte de composition qui ne satisfait aucun système.

Les Conseillers secrets du Monarque ne s'étoient pas seulement informés de la situation du Royaume, et de Paris en particulier, relativement aux subsistances. La moindre réflexion les auroit avertis, qu'au milieu de la disette, un Gouvernement sage ne doit risquér aucun mouvement ; car le Peuple est alors dans une disposition tellement irascible, que d'un mot quelquefois on peut le mettre en insurrection.

Cependant le soulèvement de Paris, bientôt imité dans plusieurs Provinces ; l'armement ensuite de tous les Citoyens et le découragement des Troupes de Ligne ; enfin l'énorgueillissement et le triomphe des principaux Chefs populaires, tel fut le résultat des mesures inconsidérées dans lesquelles on avoit engagé le Monarque. Alors et prudemment les Conseillers du Roi, ces Conseillers secrets qui l'avoient si mal dirigé, Princes, Seigneurs, Courtisans, Magistrats, tous s'enfuirent ou se cachèrent ; et la Cour en alarme, la Cour en repentir, promit tout ce qu'on voulut. Le nouveau Ministère fut dispersé ; le précédent fut rappelé ; et le Roi se mit, en quelque manière, sous la protection de cette même Assemblée Nationale dont, peu de jours auparavant, on avoit cru si légèrement pouvoir guider la marche, fléchir les volontés, et peut être encore fixer la destinée.

Ce fut, escorté des Députés les plus populaires, que le Roi se rendit de Versailles à l'Hôtel-de-ville de Paris ; et cette cérémonie, qu'on avoit jugée nécessaire, ce pompeux signalement de la chûte ou de l'affaissement de l'Autorité Royale, auroit dégradé le Monarque, auroît mis en péril sa propre dignité, si la sérénité, si le calme qu'il fit paroître au milieu d'un Peuple agité, n'avoient contraint de rendre à sa Personne les hommages et le respect que l'on disputoit à son rang.

TOUTE cette révolution s'effectuoit pendant que je voyageois de Paris à Bruxelles et de Bruxelles à Basle. C'est là que je reçus deux lettres, l'une du Roi, l'autre de l'Assemblée Nationale, pour m'inviter à venir reprendre la place dont on m'avoit éloigné (1). J'obéis aux lois du devoir, en

____

(1) Lettre du Roi à M. Necker.

Versailles le 16 Juillet 1789.

» Je vous avois écrit, Monsieur, que dans un
» tems plus calme je vous donnerois des preuves
» de mes sentimens ; mais cependant le désir que
» les Etats-Généraux et la Ville de Paris témoignent,
» m'engage à hâter le moment de votre retour. Je
» vous invite donc à revenir le plutôt possible re-
» prendre auprès de moi votre place. Vous m'avez
» parlé en me quittant de votre attachement ; la
» preuve que je demande, est la plus grande que
» vous puissiez me donner dans cette circonstance »

me rapprochant d'une Cour dont j'avois
éprouvé les caprices, d'un Peuple dont j'a-
vois épuisé la faveur, et d'une Assemblée
Représentative qu'un triomphe éclatant venoit de rendre encore plus superbe. J'obéis
aux loix du devoir, en me rapprochant,
comme Administrateur public, d'un Trésor
où il n'y avoit plus d'argent, et d'un Pays,
d'une Capitale sur-tout, où la disette devenoit chaque jour plus menaçante. Oui,
j'obéis au devoir en retournant vers le lieu
de l'orage, lorsqu'une force majeure, lorsqu'un événement indépendant de moi m'en
avoit écarté. Mais pouvois-je, il est vrai,

Réponse de M. Necker au Roi.

Basle le 23 Juillet 1789.

« S I R E ,

» Je touchois au port que tant d'agitations
» me faisoient désirer, lorsque j'ai reçu la lettre
» dont Votre Majesté m'a honoré. Je vais retour-
» ner auprès d'Elle pour recevoir ses ordres, et
» juger de plus près si en effet mon zèle infatigable
» et mon dévouement sans réserve peuvent encore
» servir à Votre Majesté. Je crois qu'Elle me de-
» sire puisqu'Elle daigne m'en assurer, et que sa
» bonne foi m'est connue. Mais je la supplie aussi
» de croire, sur ma parole, que tout ce qui séduit
» la plupart des hommes élevés aux grandes places
» n'a plus de charmes pour moi, et que sans un
» sentiment de vertu digne de l'estime du Roi,
» c'est dans la retraite seule que j'aurois nourri l'a-
» mour et l'intérêt dont je ne cesserai d'être péné-
» tré pour la gloire et le bonheur de Sa Majesté ».

me conduire différemment , sans m'exposer à des remords continuels ? J'eusse imaginé dans ma retraite que telle ou telle faute auroit été prévenue par mes soins, telle autre par mes conseils, telle autre par ma vigilance, et je me serois ainsi dévoré moi-même. Il est

---

Lettre de l'Assemblée Nationale à M. Necker.

Versailles le 16 Juillet 1789.

« L'Assemblée Nationale , Monsieur , avoit déjà
» consigné dans un Acte solemnel, que vous em-
» portiez son estime et ses regrets. Cet honorable
» témoignage vous a été adressé de sa part , et
» vous devez l'avoir reçu. Ce matin elle avoit ar-
» rêté que le Roi seroit supplié de vous rappeler
» au Ministère ; c'étoit , tout à la fois , son vœu
» qu'elle exprimoit et celui de la Capitale qui vous
» réclame à grands cris. Le Roi a daigné prévenir
» notre demande. Votre rappel nous a été annoncé
» de sa part. La reconnoissance nous a aussi-tôt
» conduits vers Sa Majesté , et Elle nous a donné
» une nouvelle marque de confiance , en nous re-
» mettant la lettre qu'Elle vous avoit écrite, et en
» nous chargeant de vous l'adresser. L'Assemblée Na-
» tionale , Monsieur , vous presse de vous rendre
» au desir de Sa Majesté. Vos talens et vos ver-
» tus ne pouvoient recevoir ni une récompense
» plus glorieuse, ni un plus puissant encouragement.
» Vous justifierez notre confiance ; vous ne préfé-
» rerez pas votre propre tranquillité à la tranquil-
» lité publique, vous ne vous refuserez pas aux
» intentions bienfaisantes de Sa Majesté pour ses
» Peuples. Tous les momens sont précieux. La
» Nation, son Roi et ses Représentans vous at-
» tendent ».

des situations où l'on n'a plus que le choix des peines, et c'est alors que l'on sent avec force de quelle utilité sont pour le cœur de l'homme ces principes de morale qui vous guident impérieusement, et qui vous préservent des tourmens de l'incertitude, au moment de la résolution, et des tourmens du repentir après l'événement, tel qu'il soit.

Je vis dans ma route de Basle à Versailles avec quelle rapidité l'esprit de Paris s'étoit étendu dans les Provinces. On n'y craignoit plus la Cour; et le Peuple, en

---

Réponse de M. Necker à l'Assemblée Nationale.

Basle le 23 Juillet 1789.

« Messieurs,

» Sensiblement ému par de longues agita-
» tions, et considérant déjà de près le moment où
» il est tems de songer à la retraite du monde et
» des affaires, je me préparois à ne suivre plus
» que de mes vœux ardens le destin de la France
» et le bonheur d'une Nation à laquelle je suis at-
» taché par tant de liens, lorsque j'ai reçu la lettre
» dont vous m'avez honoré. Il est hors de mon
» pouvoir, il est au-dessus de mes foibles moyens
» de répondre dignement à cette marque si pré-
» cieuse de votre estime et de votre bienveillance. Mais
» je dois au moins, Messieurs, vous aller porter l'hom-
» mage de ma respectueuse reconnoissance. Mon dé-
» vouement ne vous est pas nécessaire ; mais il importe
» à mon bonheur de prouver au Roi et à la Nation
» Françoise, que rien ne peut ralentir un zèle qui
» fait depuis si long-tems l'intérêt de ma vie ».

plusieurs endroits, cherchoit à se venger sur les Nobles et sur leurs propriétés, des projets adoptés par le Monarque. J'eus le bonheur d'arrêter plusieurs excès, et d'employer ainsi le crédit et l'ascendant qui me restoient encore. Mais je l'éprouvai, le nom du Prince avoit perdu de son autorité, et je sentis qu'il étoit sage de le prononcer avec discrétion. Remarquable leçon sur les grandeurs humaines ! Un seul jour peut détruire les idées qui leur servent de soutien ; un seul jour peut renverser le colosse imposant de l'opinion, à telle hauteur que le tems l'ait élevé !

DE retour à Versailles, et regardant, examinant le mouvement et la disposition des esprits ; de retour à Versailles, et considérant le bouleversement survenu dans les rapports politiques, je crus véritablement qu'en trois semaines le systême social de la France avoit changé de forme et de direction, et j'eus besoin de l'étudier pour m'y reconnoître et pour guider mes pas. Il existoit toujours un Monarque, un Peuple, une Assemblée Représentative ; mais les degrés respectifs de Force et de Puissance n'étoient plus les mêmes.

Le Roi, lorsqu'aucune insurrection éclatante n'avoit encore signalé les sentimens du Peuple ; le Roi, dans le tems où l'on étoit incertain de l'usage qu'il pouvoit faire des troupes à son commandement ; le Roi, quand ses Sujets étoient encore sans armes et sans union ; le Roi, jusques à l'époque du 11 Juillet, tenoit encore l'Assemblée Nationale dans une mesure convenable envers lui. Elle sentoit le besoin de gagner l'opinion par degrés, et n'eût pas osé se livrer sans contrainte à des idées spéculatives ou à des principes exagérés. Elle disputoit au Monarque la bienveillance publique, mais elle n'eût pas entrepris de la lui ravir et d'attaquer ouvertement l'Autorité Royale. Tout changea, tout dut changer, lorsqu'une grande faute de la part de la Cour, divulgua le secret de sa foiblesse et dépouilla le Gouvernement de la considération attachée à une Puissance inconnue.

Que devoit faire alors un Ministre principal ? Et puisque je ne puis éviter de me nommer, que devois-je faire en arrivant au milieu de cette Révolution, et en me trouvant jeté dans ce nouveau Monde au retour de mon exil ? Le mécontentement universel avoit armé d'une nouvelle force les Représentans de la Nation, sans leur donner en même tems le degré de sagesse ou de générosité nécessaire pour ne point abuser de cet avantage. Il falloit donc ménager, rechercher cette même opinion dont ils tenoient leur puissance ; il le falloit pour le bien de l'Etat, il le falloit pour le soutien de l'Autorité Royale : une conduite prudente, une conduite sans fautes pouvoit seule atteindre ce but et rendre au Gouvernement la considération qu'il avoit perdue. Il falloit encore s'appliquer à séparer le Roi des mauvais conseils qu'il avoit suivis et reprendre, au nom de sa Personne et de son caractère, les sentimens d'amour et d'estime dont il avoit si long-tems composé son bonheur. Je devois de plus, et c'étoit mon obligation particulière, je devois servir le Roi de toute la popularité qui me restoit encore, et la risquer pour le soutien de son Autorité légitime. Enfin, un but plus grand, plus grand selon mon cœur et selon mes principes, se présentoit à moi, c'étoit de chercher à adoucir l'irritation et les animosités du Peuple, c'étoit de le détourner des mouvemens de vengeance et de férocité auxquels il venoit de se livrer.

J'ai rempli ces devoirs, j'ai rempli ces obligations, et ma conscience au moins me répond que jamais je n'en ai négligé l'occasion. On le sait, dès les premiers jours de mon retour à Versailles, convié, sans pouvoir m'en défendre, de me rendre à l'Hôtel-de-ville de Paris, je profitai de cette circonstance éclatante pour prendre en main la cause des Opprimés, et pour essayer de ramener les esprits aux idées de paix, de justice et d'humanité. On vouloit que je me bornasse à remercier les Représentans de la Commune des sentimens animés, dont j'avois été l'objet à l'époque de mon exil; et le Maire, instruit de l'usage que je voulois faire du mouvement public en ma faveur, parut lui-même effrayé et m'avertit que j'allois aventurer toute ma popularité.

Quel prix pourrois-je y mettre, lui répondis-je, si elle ne devoit pas me servir à la défense des principes de morale et d'ordre public ? Mais il est trop vrai, que dès les commencemens de la Révolution Françoise, on étoit devenu ménager de cette popularité comme d'un trésor personnel. Plusieurs hommes marquans, après l'avoir acquise, n'ont songé qu'à l'étendre et à l'agrandir, et se sont constamment refusés, comme les avares, à la dépenser, à en faire un généreux emploi ou pour le bien de l'Etat ou pour aucun office particulier. Je n'ai jamais imité cet exemple ; et si j'ai perdu comme un autre la faveur publique après en avoir long-tems joui, j'ai du moins le souvenir de l'avoir usée volontairement et pour une fin dont je n'ai point à rougir.

Ce fut dans la grande salle de l'Hôtel-de-ville, que m'adressant aux Officiers Municipaux et à une foule innombrable de Citoyens, je demandai non-seulement la liberté d'un Officier-Général dont le Peuple de Paris avoit proscrit la tête, mais que j'entrepris encore de rapprocher les esprits, d'amortir les sentimens de haine et de défiance, et d'inspirer un vœu commun de paix et de conciliation. Je réussis, il m'en souvient, au-delà de toute espérance. La liberté que je sollicitois fut à l'instant accordée, et néanmoins elle regardoit un homme qui avoit eu un commandement principal au nom du Roi pendant les derniers troubles. On fit plus, et d'un mouvement universel on prononça pour tous et au nom de tous, les mots d'oubli, de paix et de rapprochement. Ces mots, ou leurs synonimes, accompagnés des plus grandes marques d'approbation et de sensibilité, retentirent à l'instant dans la place publique et se propagèrent par-tout avec le même enthousiasme. Jamais acclamation ne fut plus générale : c'étoit le Peuple entier de Paris qui sembloit exprimer son vœu. Pourquoi les hommes alors en crédit et en autorité, loin de soutenir, loin de seconder un mouvement si favorable, employèrent-ils leurs soins à l'affoiblir et à le traverser ? Ce fut M. de Mirabeau, l'un des personnages du moment le plus en vue par ses rares talens et par son audace, ce fut M. de Mirabeau, Tribun par calcul, Praticien par goût, et toujours immoral, toujours homme d'esprit ; ce fut lui, qui ayant destiné le trouble et la division à l'avancement de sa fortune, se crut appelé en défensive à contenir de tous ses moyens le premier retour aux idées d'ordre et aux sentimens pacifiques. On le vit, le soir même de cette heureuse journée, parcourir avec agitation tous les Clubs où les hommes les plus violens commençoient à se réunir ; il leur peignit la délibération de l'Hôtel-de-ville et le discours qui l'avoit provoquée, comme une composition avec l'Aristocratie ; il décria la clémence, il insulta la bonté ; et jetant de la défiance sur tous les partisans des voies de conciliation, il rattacha les esprits aux idées de sévérité et de vengeance ; et liant artificieusement ces idées à l'amour et au triomphe de la liberté, il posa, sans le prévoir peut-être, les fondemens du système terrible dont on ne s'est jamais écarté pendant le cours de la Révolution Françoise.

Quoi qu'il en soit, cet homme et ses acolytes produisirent une sorte d'insurrection contre le vœu des Représentans de Paris, contre ce vœu des Municipaux que le Peuple avoit reçu avec tant d'empressement ; et quelques députations des Clubs, leur langage animé, leurs discours menaçans, firent changer une délibération dont le maintien eût honoré la France, dont le maintien eût prévenu ces nombreuses émigrations, la source de tant de malheurs.

L'Assemblée Nationale, à qui la discussion fut portée, pouvoit tout réparer, et ne le voulut pas. Quel sujet de regret ! Elle commit une grande faute, en refusant de s'associer au mouvement généreux qui avoit électrisé tout un Peuple ; mais elle aussi, commençoit à croire que dans les révolutions, la frayeur avoit son usage. Elle n'aimoit pas d'ailleurs un enthousiasme dont elle n'avoit pas dirigé l'action, et déjà peut-être elle aspiroit à être à la fois le principe et l'unique but des sentimens de ce genre. On l'accusa d'ailleurs d'être jalouse du succès éclatant qu'un Ministre du Roi venoit d'obtenir ; et, de bonne heure, ambitieuse d'applaudissemens dont elle fut ensuite insatiable , elle devint, par le même esprit, l'ennemie secrète de toute espèce de popularité qui pouvoit croiser un moment la sienne.

Un Décret de l'Assemblée Nationale détruisit la délibération de l'Hôtel-de-ville ; et ce Décret, en affoiblissant, en dispersant, pour ainsi dire, les mouvemens généreux et les élans de vertu dont j'avois été l'heureux témoin , fit évanouir les belles espérances auxquelles je m'étois abandonné. Je devois peut-être à l'instant remettre ma démission, et le faire entre les mains de cette même Assemblée qui s'éloignoit de moi dans une occasion aussi mémorable, et qui sembloit vouloir la guerre quand je prêchois la paix ; la sévérité, quand je parlois d'indulgence ; et le ressentiment, la vengeance, quand je croyois avoir obtenu la réconciliation et l'oubli. Sans doute, ma démission, dans une pareille circonstance et pour un motif si imposant, auroit eu de l'éclat, et plusieurs personnes m'ont blâmé de n'avoir pas écouté le sentiment qui devoit m'entraîner à cette démarche ; mais la vertu dans sa simplicité l'auroit-elle avouée ? Je venois d'éprouver une grande traverse et peut-être une mortification pénible, mais il ne m'étoit pas encore permis de désespérer. L'Etat d'ailleurs étoit menacé de plusieurs sortes de maux ; les uns appartenoient à la division des esprits, les autres à la détresse des finances, et le plus imminent à la disette des grains ; ainsi de puissantes considérations m'obligeoient à persévérer dans la carrière d'épines où je m'étois replacé. Ah ! qu'on s'en fie à moi, il ne falloit pas moins que des raisons supérieures, il ne falloit pas moins que la loi du devoir pour m'engager à négliger une occasion d'agir noblement et fièrement. Je n'ai eu toute ma vie que trop d'entraînement vers ce genre d'esprit et de caractère ; et à travers les justes motifs qui décidèrent ma retraite à l'époque de mon premier Ministère, je n'ai pas été sans crainte d'avoir donné trop de part, dans cette détermination, à un premier mouvement d'élévation que j'aurois dû réprimer.

C'est à la journée de l'Hôtel-de-ville, c'est à une circonstance invariablement présente à mon esprit, que je dois encore rapporter le commencement des intrigues et des hostilités, dont j'ai eu tant à souffrir et dont je suis resté la victime. Les Chefs du Parti populaire, les mêmes qu'on a vu régner long-tems à l'Assemblée Nationale, ne me pardonnèrent point les marques éclatantes de faveur que j'avois reçues au milieu de la Capitale ; ils me pardonnèrent encore moins, d'avoir voulu m'en servir pour essayer d'amortir les sentimens de haine et de défiance et d'avoir risqué par là d'altérer les élémens de leur autorité naissante.

Elle s'accrut avec une accélération incal-culable cette autorité, lorsque les événe-mens du mois de Juillet eurent déplacé tous les Pouvoirs ; et de la même époque aussi, les fautes du Parti populaire devinrent plus importantes et plus remarquables. Les deux premiers Ordres en commirent encore, mais tout s'efface au milieu du malheur ; et si l'on ne pardonne rien aux tyrans, on ne sait comment compter avec les victimes. Re-levons seulement, et pour l'instruction de l'Histoire, cette époque marquante de sé-paration entre les fautes des deux partis.

Je dirai donc, qu'avant la Révolution du mois de Juillet, la sagesse des deux pre-miers Ordres eût pu fixer la destinée de la France et de son Roi ; et qu'après cette époque, la sagesse des hommes accrédités dans le Tiers-Etat eût pu tout réparer. Mais ni les uns ni les autres n'ont voulu se con-traindre, et ils ont failli, comme tous les hommes, par l'attrait des passions et par leur triomphe sur les conseils de la raison. L'Histoire, quand elle élèvera sa voix libre-ment, demandera compte aux deux pre-miers ordres, à la Noblesse sur-tout, d'une inflexibilité qui a fait passer le sceptre de l'opinion entre les mains du Tiers-Etat. Elle leur reprochera d'avoir voulu tout obtenir par vaillance et par opiniâtreté, au lieu de faire, en tems opportun, les sacrifices exi-gés par l'autorité des circonstances et par

l'impérieuse

(25)

l'impérieuse loi de la nécessité. Elle leur
reprochera de n'avoir pas apperçu que le
passé ne ressembloit en aucune manière au
présent, et que le Clergé, la Noblesse, le
Tiers-État, la Cour, les Grands, l'Autorité Royale, la répartition des richesses, la
distribution des lumières, enfin le caractère
national et l'opinion publique, tout étoit
changé depuis deux cents ans. Oui, l'Histoire leur reprochera d'avoir vu les mêmes
choses où il n'existoit que les mêmes noms;
et particularisant peut-être leurs actions, elle
examinera sévèrement leur résistance à toute
espèce de conciliation, et quand on cherchoit un moyen de terminer les combats
relatifs à la vérification des Pouvoirs, et
quand on proposoit une délibération commune, au moins en certaines circonstances,
au moins dans les questions d'un intérêt égal
entre les trois États; enfin elle examinera
sur-tout avec rigueur la conduite de leurs
guides, aux époques célèbres du 23 Juin
et du 11 Juillet 1789; et peut-être encore
elle jugera comme moi, qu'ils devoient poli-
tiquement soutenir un Ministre sage et l'aider dans sa lutte contre l'esprit du tems,
au lieu de chercher obstinément à le décourager et à le perdre.

Je le crois donc, et sans aucun doute,
sans aucune incertitude; toutes les grandes
fautes politiques, depuis l'ouverture des
États-Généraux jusques à la Révolution du
mois de Juillet 1789, appartiennent aux

deux premiers Ordres ; mais après cette seconde époque, le parti populaire, le parti triomphant dans l'Assemblée Nationale, est devenu comptable, à lui seul, de toutes les délibérations politiques qui ont amené la destruction de la Monarchie et préparé le triomphe des principes subversifs de l'ordre public et de la liberté réelle.

Je développerai bientôt cette seconde vérité ; mais je dois offrir auparavant une réflexion intéressante, et pour le repos des Nations, et pour l'instruction de tous les dépositaires de l'Autorité Suprême. Les hommes qui excitent aujourd'hui les Gouvernemens de l'Europe à déployer hâtivement les moyens de sévérité et de rigueur, citent continuellement la Révolution de France à l'appui de leur systéme et de leurs conseils. J'invite ces Gouvernemens à étudier eux-mêmes l'exemple dont on veut se servir pour guider leur opinion. Ils verront alors que la Révolution Françoise est essentiellement due à des actes inconsidérés d'autorité.

En effet, et je l'ai montré, la demande énergique des Etats-Généraux et la nécessité où se trouva Louis XVI de céder à cette sollicitation, ces deux grandes circonstances doivent être essentiellement rapportées à la fermentation progressive occasionnée par l'exil du Parlement de Paris, l'enlèvement de plusieurs de ses Membres, l'emprisonnement des Gentilshommes de Bretagne, l'envoi d'une multitude de lettres de cachet dans les Provinces, et l'établissement d'une Cour Plénière qui devoit réunir tous les Pouvoirs entre les mains du Roi.

Or aucun de ces actes violens d'autorité n'auroit paru nécessaire au Gouvernement, et l'occasion n'en eût pas existé, si d'abord M. de Brienne eût cherché à se concilier avec les premiers Notables, sur le choix des ressources applicables aux besoins de l'Etat, au lieu de dissoudre brusquement leur assemblée, et de les punir ainsi de la résistance qu'ils avoient opposée aux systêmes de l'Administration. Enfin, après le renvoi des Notables, on eût encore évité toutes les querelles avec les Cours souveraines et leurs dangereuses suites, si, dans une circonstance infiniment critique, le Gouvernement n'avoit pas refusé hautement les états de Finance, que demandoit le Parlement de Paris comme une condition préalable de son assentiment à de nouveaux impôts : voilà pour la convocation des Etats-Généraux ; et de même dans leur tenue, ce n'est point la modération qui a compromis l'Autorité Royale ; c'est au contraire et manifestement, d'abord la roideur inflexible des deux premiers Ordres, puis la fausse combinaison de la déclaration du Roi du 23 Juin 1789 ; mais par-dessus tout, la téméraire entreprise du mois de Juillet de la même année. Après cette dernière époque, il étoit devenu moralement et physiquement impossible de recourir à aucun acte de vigueur; et sur ce point de toute évidence, il n'y a jamais eu d'opinion différente entre les partis les plus opposés. L'équilibre des forces avoit été totalement rompu du 11 au 14 Juillet : ce fut une bataille perdue, une déroute complète avec armes et bagages; et si le Monarque, tout-à-coup dénué de moyens militaires et de ressources d'argent, paroissoit encore assis sur le trône, la Puissance Royale n'existoit plus.

Qu'on se garde donc de porter les Rois de l'Europe à des résolutions extrêmes, à des actes inconsidérés d'autorité, en leur parlant de la Révolution Françoise; ce seroit abuser de quelques apparences pour détourner leurs regards de la vérité. Il faut laisser ce raisonnement aux hommes ignorans ou superficiels, qui voient tout dans une circonstance dont leur souvenir s'est chargé; et il faut le pardonner aux Nobles de France, à eux qui ont un si grand intérêt à relever le mérite de la hardiesse, après avoir tant péché contre la prudence.

Les véritables amis des Rois ne peuvent pas avoir d'autre langage que les véritables amis des Nations; et les uns comme les autres diront aux Dépositaires de l'Autorité Suprême, qu'une fermeté inébranlable doit être unie à une parfaite raison; qu'il faut gouverner sagement pour ne rien risquer au développement indéfini de l'Autorité. Mais si l'on a bouleversé les Finances, si l'on a dissipé les revenus publics à l'avance, si l'on se trouve dans la funeste alternative ou de faire perdre aux Créanciers de l'Etat une portion de leur fortune, ou d'accroître encore une masse d'impôts dont le Peuple supporte déjà le poids avec murmure ; enfin si l'alarme est répandue, si de toutes parts de justes plaintes se font entendre, on doit alors user avec ménagement du droit de commander, on doit condescendre avec prudence aux mécontentemens dont on est soi-même la cause, et se donner le tems de rendre à l'Autorité l'appui de la confiance. Voilà la marche de la raison ; et si l'on s'en écarte, si les Gouvernemens, après des torts, après de grandes fautes, déploient leur autorité avec le même despotisme, avec la même inflexibilité que dans le tems où leur Puissance paroissoit la garantie de l'ordre public, ils joueront un grand jeu, ils s'engageront en des combats dont on ne sauroit présager l'issue.

SECTION II.

Assemblée Nationale, désignée sous le nom de Constituante.

ON ne doit pas juger avec rigueur la conduite des Représentans des Communes dans les commencemens des Etats-Généraux. Ils conçurent si tôt de la défiance du système des deux premiers Ordres, des démarches des Princes et des intentions de la Cour, qu'ils se crurent de bonne heure appelés au combat, ou en présence du moins de leurs ennemis et d'ennemis encore dont ils s'exagéroient les forces. Les hommes, dans une telle position, sont aisément entraînés à faire usage de tous leurs moyens, et l'on ne peut attendre d'eux qu'ils observent en y recourant une sage mesure ; mais cette sorte d'excuse n'est plus recevable, lorsque les sujets d'inquiétude se sont évanouis, et lorsque la fortune a permis aux victorieux de penser avec calme et d'agir avec circonspection.

Ainsi lorsqu'au mois de Juillet 1789 l'Assemblée Nationale et ses Dominateurs eurent éprouvé l'impuissance de leurs Adversaires, lorsqu'ils furent les témoins de la défaite de la Cour, de la dispersion des Princes et de l'abattement du Monarque, lorsqu'ils virent sur-tout la Nation entière sous les armes et l'adhésion successive de la plus grande partie des troupes de ligne au vœu général de la France; lorsqu'ils apprirent enfin de toutes manières, que rien ne pouvoit plus s'opposer à leur empire; c'étoit alors le tems de bien faire, et cette époque marquante doit fixer le commencement de leur responsabilité. Ils furent alors les maîtres de fonder un Gouvernement heureux; ils furent alors les maîtres et les maîtres absolus de donner à la France une Constitution régulière, une Constitution propre à garantir, avec la même sûreté, l'ordre public, la justice, et la liberté civile et politique. Tout sembloit les favoriser. Les esprits attachés à la Royauté par une longue habitude et entraînés en même tems vers les idées de liberté, par les élans d'un sentiment nouveau, se trouvoient dans ce balancement qui assure aux systêmes modérés la majorité des suffrages. Le Prince élevé sur le Trône étoit doué des qualités et des vertus les plus appropriées à une Monarchie tempérée, et il m'est démontré que si le destin l'eût fait naître un Roi d'Angleterre, il se seroit trouvé sans effort, et par le seul mérite de son caractère, dans une parfaite harmonie avec l'esprit de la Constitution Britannique. Il n'eût jamais enfreint d'une ligne les droits que la Charte fondamentale de l'Etat lui auroit assuré, et jamais il n'eût été tourmenté par un désir inquiet d'accroître son autorité. Il eût été content de

se voir affranchi de toutes les grandes res-
ponsabilités ; il eût aimé à se sentir en force
derrière la loi, et il auroit éprouvé, comme
un soulagement, s'il avoit pu opposer un
vœu National, une règle authentique, à
tous les oppresseurs de sa propre volonté,
à tous les ennemis de l'ordre public. Oui,
tout eût favorisé le succès des idées sages
et modérées, si l'Assemblée Nationale en
eût connu le prix, et si les Chefs populaires, devenus les maîtres absolus après les
événemens du mois de Juillet, avoient eu
cette force d'esprit et cette hauteur de caractère qui empêchent d'abuser de la victoire.
Mais ils sortoient d'un combat, et l'impul-
sion d'un premier mouvement les entraînoit
encore. Les uns croyoient à la puissance de
la Cour, lorsque cette puissance étoit abat-
tue ; les autres en jugeoient mieux, mais il
leur convenoit d'entretenir un sentiment de
frayeur, et ils prêtoient au fantôme de
l'Autorité Royale, toute la consistance, toute
la réputation de réalité, qui pouvoient servir leurs vues. Ils étoient merveilleusement
secondés dans cette politique par les nombreux partisans d'une vaine gloire et d'un
succès facile ; car ceux-là ne se lassoient
point d'attaquer les Ministres et de les présenter comme terribles, afin de se ménager sans péril les honneurs du courage, et
plusieurs aussi, afin de faire oublier et d'oublier eux-mêmes, que naguères ils étoient
sur les pas de ces mêmes Ministres, pour

eur prodiguer des hommages et pour les entretenir à la dérobée de tous les senti-mens d'admiration dont ils étoient pénétrés pour eux.

Appercevons aussi combien une passion presque nouvelle pour les François, l'ambition de la popularité, étoit propre à égarer les esprits. Cette passion, après une longue épreuve, après une vieille habitude, agite encore de nos jours, et constamment avec la même force, la Nation Angloise, une nation réfléchie et la moins susceptible d'être entraînée par des illusions. On ne peut donc s'étonner de l'effervescence et de l'explosion qu'a produites cette même passion de la popularité, sur une Nation ardente, livrée de tout tems aux jouissances de l'imagination et plus éprise qu'aucune autre des délices de la louange. D'ailleurs, après la Révolution du mois de Juillet, il fut aisé de juger que la faveur publique deviendroit le meilleur et le plus sûr appui dans la carrière de l'ambition, et l'on vit de même que pour cultiver cette faveur, il falloit encenser les idées de liberté et d'égalité. Ainsi, par une singularité remarquable, l'esprit de flatterie, cet esprit le plus bas et le plus vil de tous, aborda le premier les plus hautes questions de la métaphysique. Bientôt cependant on n'observa plus de mesure, ni dans ses discours, ni dans ses démarches ; car la rivalité dans la recherche des applaudissemens, le desir de passer les autres en popularité n'en permettent aucune ; et l'égalité, la liberté, sont des idées tellement susceptibles de toutes sortes d'extensions, tellement souples et flexibles, s'il est permis de s'exprimer ainsi, qu'elles offrirent une ressource inépuisable aux Législateurs courtisans, comme aux Discoureurs politiques.

J'indique ici succinctement les vues personnelles et les entraves secrètes qui ont empêché l'Assemblée Nationale de marcher, au grand, au majestueux terme offert à ses regards, à l'établissement d'une Constitution fondée sur les loix immuables de la raison et de la sagesse.

Cependant elle eût franchi peut-être ces divers obstacles, si elle ne s'étoit pas elle-même trompée dans ses combinaisons politiques, si elle n'avoit pas faussement imaginé qu'il resteroit toujours assez de puissance à l'Autorité Royale ; et si constamment égarée par des préjugés, elle ne s'étoit pas contentée de consacrer en paroles cette Autorité, sans prendre aucun soin de l'investir des prérogatives et des attributs essentiellement nécessaires à sa consistance.

C'est une faute à jamais mémorable, de la part d'une Assemblée de Législateurs, d'avoir voulu maintenir en France le Gouvernement Monarchique, de l'avoir jugé le plus convenable à une Nation de vingt-cinq millions d'hommes, et d'avoir cru remplir cette idée en plaçant un Roi à la tête d'une Constitution démocratique,

C'est une faute à jamais mémorable, de
la part d'une assemblée de Législateurs,
d'avoir voulu un Roi et d'avoir constamment
perdu de vue les propriétés élémentaires qui
devoient servir à constituer cet Etre singulier ; qui devoient servir à rendre utiles ses
fonctions dans l'ordre social.

C'est une faute à jamais mémorable, de
la part d'une Assemblée de Législateurs,
de s'être occupée pendant trois ans d'une
nouvelle Constitution politique, et d'avoir négligé de traiter, d'avoir mis à l'écart la question
la plus difficile dans la formation d'un Gouvernement, l'institution du Pouvoir Exécutif ; l'institution du pouvoir, qui, par une
habile combinaison, par une savante con-
texture, doit assurer l'ordre public sans
offenser la liberté, sans y porter aucune
atteinte.

C'est une faute à jamais mémorable, de
la part d'une Assemblée de Législateurs,
de s'être bornée à considérer ce Pouvoir
dans ses différentes applications, et d'avoir
oublié que sa composition et son affermissement, sa création et sa vie, devoient
être le premier objet de leur méditation.

C'est une faute enfin à jamais mémorable,
de la part d'une Assemblée de Législateurs,
d'avoir associé le système de l'égalité universelle à la conception d'un Gouvernement
Monarchique, et d'avoir supposé qu'un Roi
pouvoit subsister, sans aucune des grada-
tions de rang qui entretiennent les hommes

dans l'habitude du respect, sans aucune des pompes qui relèvent la Majesté du Trône et qui prêtent à l'Autorité cette assistance morale, si nécessaire au Gouvernement dans un grand Etat.

On avoit jeté la première semence de ces idées d'égalité, en adoptant pour le Royaume de France la Déclaration des Droits de quelques Républiques Américaines ; mais le principe métaphysique destiné à favoriser ces idées eût été facilement oublié, si l'Assemblée Nationale, au mois de Juin 1790, ne l'avoit pas mis en action par l'abolition de tous les rangs, de tous les titres, de toutes les distinctions honorifiques, et par la destruction nominale de la Noblesse et de ses différentes prérogatives.

J'apperçus les conséquences d'une pareille disposition, et je mis tout en usage pour déterminer le Roi à exiger de l'Assemblée Nationale qu'elle prît en nouvelle considération une si importante affaire. Je proposai même au Conseil, et par écrit, les observations succinctes qui pouvoient être réunies à cette démarche ; elles étoient rédigées avec tant de mesure, qu'il n'y avoit évidemment aucun risque à en attendre au moins l'effet, avant de revêtir de la sanction Royale un Décret subversif du Gouvernement Monarchique. J'étois certain qu'un grand nombre de Députés appuieroient cette démarche ; plusieurs même, et

des plus marquans par leur crédit, paroissoient la désirer; et l'on dut regretter encore plus d'avoir précipité la sanction du
Roi, lorsque l'Assemblée, après l'avoir reçue, nomma des Commissaires pour examiner une seconde fois un Décret dont elle
commençoit à présager les suites. Mais il
n'étoit plus tems; le public de Paris enchanté
du premier signal de nivellement, se prononça fortement; et les Commissaires, rendus craintifs par ce mouvement, laissèrent
oublier leur mission et n'en rendirent aucun
compte. J'osai seul déclarer mon opinion,
en faisant imprimer avec la permission du
Roi mon avis au Conseil et les observations
que j'avois proposées. Je contribuai de plus
au Décret de revision de l'Assemblée; mais
je me fis un grand tort auprès du Parti
populaire. Il n'est rien de si séduisant
que l'égalité au moment où elle commence,
au moment sur - tout où elle suit l'iné-
galité; mais en supposant qu'elle fût ap-
plicable à aucun ordre social, ce n'étoit
pas autour d'un Roi, ce n'étoit pas dans
un Gouvernement déclaré Monarchique que
l'on devoit en faire l'expérience.

On s'étonnera sans-doute de la détermination du Roi dans cette circonstance, et
l'on demandera par quels motifs, résistant
à un avis soutenu vigoureusement dans son
Conseil, il sanctionna sans délai, sans aucune observation préalable, un Décret si
contraire aux intérêts de sa Couronne et

si fort en contraste avec ses propres opinions ? Je ne puis rendre compte des suggestions secrètes auxquelles il déféra dans cette occasion, mais plusieurs apperçus m'ont instruit de la politique qui dominoit alors parmi les hommes admis à son intimité. Ils croyoient que les fautes de l'Assemblée Nationale serviroient dans l'opinion l'Autorité Suprême ; et considérant alors comme une des plus essentielles et des plus marquantes la destruction de la Noblesse et le nivellement des conditions, ils souhaitoient que le Roi n'y opposât aucune résistance. Ils attachoient de plus une grande importance à constater publiquement l'état de contrainte où le Monarque se trouvoit réduit ; et ils pensoient que cette vérité deviendroit manifeste aux yeux de l'Europe, si le Roi, sans aucun délai, donnoit son acquiescement à un Décret évidemment contraire à ses plus précieux intérêts, évidemment en opposition avec les sentimens communs à tous les Princes.

Une telle politique eût été bonne entre des particuliers, qui soumis les uns et les autres à l'autorité d'un Tribunal supérieur, peuvent se faire relever de leurs engagemens, en administrant dés preuves de violence ou d'esclavage ; mais entre un Monarque et les Représentans d'une Nation, il n'y a point de juges, il n'y a point d'arbitres ; et dans leurs rivalités, c'est toujours de puissance dont ils ont à lutter ensemble.

C'étoit donc, je le crois et je l'ai dit souvent, c'étoit un faux calcul de sacrifier un
seul moyen de crédit, un seul moyen d'influence, au desir de donner un degré d'au-
thenticité de plus à l'état de gêne et d'alarme
où le Roi se trouvoit réduit. Pouvoit-on
douter que près d'un Tribunal, ou en re-
prenant un jour son Autorité, Louis XVI
eût manqué d'élémens pour composer un
Mémoire de griefs ? Pouvoit-on supposer que
sa situation fût inconnue aux Princes de
l'Europe et aux Nations étrangères ? Il eût
donc été plus sage de s'opposer, selon l'é-
tendue de ses moyens, à l'établissement
d'une disposition législative, qui enlevoit au
Trône son lustre et qui introduisoit un système incompatible avec les principes cons-
titutifs du Gouvernement Monarchique.

On se trompoit de même quand on ima-
ginoit servir la Royauté, en laissant, pour
ainsi dire, un champ libre aux écarts de
l'Assemblée Nationale et à son esprit de
destruction. On a pu remarquer que ses entreprises les plus hardies, ses fautes même,
quand elles n'étoient pas combattues, ajou-
toient à sa force réelle, en donnant une
nouvelle idée de sa puissance.

Une pensée m'est souvent venue, en re-
marquant la facilité, ou plutôt la résignation avec laquelle le Roi donna son consentement à plusieurs Décrets dont il désapprou-
voit le but et les principes. Il vouloit, je
le crois, ménager et rassembler toutes ses

forces, pour obéir à sa conscience, en s'opposant à la loi destructive des instituts ecclésiastiques, lesquels dans son opinion étoient étroitement liés à la conservation pure du Culte religieux et de la Foi Catholique ; et l'on a vu sa longue résistance et toute l'expression de sa douleur quand il fut contraint de céder.

Le Roi cependant, avant l'époque du Décret sur la destruction des rangs dont je viens de parler, mais lorsqu'il étoit encore à Versailles, s'étoit opposé avec fermeté à un systême de désorganisation dont les progrès ont été si rapides. Il tempéra le zèle inconsidéré des deux premiers Ordres, lorsque la nuit célèbre du 4 Août 1789, et dans l'ivresse d'une générosité fastueuse, ils prodiguèrent à l'envi leurs sacrifices, et consacrèrent le noviciat d'un parfait désintéressement, par un entier oubli de la chose publique. Les observations du Conseil adressées à l'Assemblée Nationale, et qui devoient la ramener à une marche plus prudente, produisirent une grande sensation ; et le public impartial, si l'on n'avoit pas étouffé sa voix, auroit approuvé de même le langage du Roi le jour où on lui proposa de donner son assentiment aux premiers principes constitutionnels, et à la Déclaration des Droits qu'on y avoir réunie. La réponse du Roi à l'Assemblée Nationale est remarquable par son époque, la veille du 5 Octobre ; elle

est aussi par le rapprochement de ses expressions sages et mesurées avec les mouvemens tumultueux auxquels elle servit de
prétexte. Je la transcris ici :

« Messieurs, de nouvelles Loix consti-
» tutives ne peuvent être bien jugées que
» dans leur ensemble ; tout se tient dans
» un si grand et si important ouvrage. Ce-
» pendant je trouve naturel que dans un
» moment où nous invitons la Nation à
» venir au secours de l'Etat, par un acte
» signalé de confiance et de patriotisme,
» nous la rassurions sur le principal objet
» de son intérêt. Ainsi, dans la confiance
» que les premiers articles constitutionnels
» que vous m'avez fait présenter, unis à
» la suite de votre travail, rempliront le
» vœu de mes Peuples et assureront le
» bonheur et la prospérité du Royaume,
» j'accorde, selon votre desir, mon acces-
» sion à ces articles, mais à une condition
» positive et dont je ne me départirai jamais,
» c'est que par le résultat général de vos
» délibérations, le Pouvoir Exécutif ait son
» entier effet entre les mains du Monarque.
» Une suite de faits et d'observations, dont
» le tableau sera mis sous vos yeux, vous
» fera connoître que dans l'ordre actuel des
» choses, je ne puis protéger efficacement
» ni le recouvrement des impositions léga-
» les, ni la libre circulation des subsistan-
» ces, ni la sûreté individuelle des Citoyens.
» Je veux cependant remplir ces devoirs

» essentiels de la Royauté. Le bonheur de
» mes sujets, la tranquillité publique et le
» maintien de l'ordre social en dépendent ;
» ainsi je demande que nous levions en
» en commun tous les obstacles qui pour-
» roient contrarier une fin si desirable et
» si nécessaire.

» Vous aurez sûrement pensé que les
» institutions et les formes judiciaires ac-
» tuelles ne pouvoient éprouver de chan-
» gemens, qu'au moment où un nouvel
» ordre de choses y auroit été substitué ;
» ainsi je n'ai pas besoin de vous faire aucune
» observation à cet égard.

» Il me reste à vous témoigner avec
» franchise, que si je donne mon accession
» aux divers articles constitutionnels que
» vous m'avez fait remettre, ce n'est pas
» qu'ils me présentent tous indistinctement
» l'idée de la perfection ; mais je crois qu'il
» est louable en moi de ne pas différer d'avoir
» égard au vœu présent des Députés de la
» Nation et aux circonstances alarmantes
» qui nous invitent si fortement, à vouloir,
» pardessus tout, le prompt rétablissement
» de la paix, de l'ordre et de la con-
» fiance.

» Je ne m'explique point sur votre Dé-
» claration des Droits de l'Homme et du
» Citoyen ; elle contient de très - bonnes
» maximes, propres à guider vos travaux ;
» mais des principes susceptibles d'applica-
» tions, et même d'interprétations diffé-

rentes, ne peuvent être justement appré-
ciés, et n'ont besoin de l'être qu'au
moment où leur véritable sens est fixé
par les Loix auxquelles ils doivent servir
de première base ».

Telle fut la réponse du Roi ; elle donne
une idée de son anxiété dès ce moment-là,
et elle fait connoître aussi le degré d'exal-
tation auquel le parti dominant devoit s'être
levé pour marquer, comme il le fit, son
mécontentement avec tant de violence.

On pressa le Roi de donner une sanction
pure et simple ; il résista : mais l'insurrection du 5 Octobre et les vues secrètes de
ses instigateurs déterminèrent le Monarque
à accorder un consentement, que l'Assemblée Nationale pouvoit exiger alors avec
une confiance impérieuse.

Les premières modifications contenues
dans la réponse du Roi étoient, en réalité,
d'un foible intérêt pour les Chefs du Parti
populaire ; mais ils vouloient enlever au
Gouvernement son influence sur l'opinion,
la seule arme qui lui étoit restée après la
Révolution du mois de Juillet ; et ce fut
essentiellement pour rendre le Conseil du
Roi plus docile à toutes les idées de l'As-
emblée Nationale, que l'on voulut obliger
le Monarque à quitter Versailles pour venir
s'établir à Paris. On calcula fort bien, qu'au
milieu des agitations populaires si faciles à
exciter dans une grande ville, la crainte
d'exposer la sûreté du Prince tempéreroit

les résistances de son Conseil , et arrêteroit
en particulier les tentatives que les Ministres
faisoient quelquefois , et avec succès , pour
combattre dans le public les mesures hardies
et les systêmes dangereux de l'Assemblée
Nationale.

Cependant une idée aussi composée n'auroit pu suffire pour animer le Peuple et pour
le mettre en mouvement , si la rareté des
grains ne l'avoit pas entretenu dans un état
d'inquiétude , si des hommes , occupés à
saisir tous les moyens de trouble et de
fermentation , ne lui avoient pas inspiré
l'idée d'aller porter ses plaintes au Roi
même ; enfin , si l'on n'avoit pas répandu
le bruit absurde d'une ligue formée par les
Aristocrates pour enlever le Monarque et le
conduire à Metz ; et si quelques impruden-
ces , commises dans un dîner donné par
les Gardes-du-Corps aux Officiers du Régi-
ment de Flandres , n'avoient pas fourni des
prétextes à la malveillance.

C'est au milieu de ces différentes circonstances que plusieurs Chefs de parti ,
divisés d'intérêts et de vues , crurent trouver
une occasion favorable à leur politique ; et ,
guidés par des motifs opposés , ils fomen-
tèrent en commun l'exaspération de Paris ,
le rassemblement des fauxbourgs et le grand
entraînement d'une nombreuse partie du
Peuple vers la demeure du Prince.

Le 5 Octobre 1789 fut le jour mémorable de cette insurrection. Le projet avoit

(45)

té formé ou décidé rapidement , et le Ministre de Paris, observateur attentif et vi-
gilant , n'en fut instruit que le matin du
jour où les habitans des fauxbourgs de Paris
et une populace immense, mêlés à un at-
troupement de Gardes Nationales , se mirent en marche pour Versailles.

Le Conseil Municipal de la Capitale enjoignit à M. de la Fayette de prendre le
commandement de ces tumultueuses cohortes.

Cet ordre , donné au milieu des clameurs
d'un Peuple en effervescence , n'eut aucun
caractère de liberté ; et cependant ce fut
un acte de sagesse de mettre à la tête d'un
mouvement qu'on ne pouvoit arrêter , le
Général de la Force Armée , et l'homme de
cette époque le plus en crédit parmi le
Peuple.

Le Roi étoit à la chasse. On l'informe
avec diligence des avis qu'on venoit de recevoir ; et de retour à Versailles, il eut à
réfléchir sur le parti qu'il devoit prendre dans
une situation pénible. Son sentiment personnel ne le portoit point à s'éloigner ; et
si l'on avoit eu de bonne heure le dessein
de cacher cette vérité , on auroit dû défendre aux Officiers de service chez le Roi,
de dire et redire , qu'ils l'avoient entendu,
se promenant à grands pas dans son appartement, répéter plusieurs fois avec un sentiment de répugnance et d'indignation : *Un
Roi fugitif ! Un Roi fugitif !*

Il se détermina cependant à ordonner ses voitures ; mais les traits en ayant été coupés ou détachés par le Peuple de Versailles, qui vouloit, disoit-il, à tout risque s'opposer au départ de la Cour, il y eut de nouveaux doutes et une seconde délibération. L'agitation étoit générale dans l'intérieur du château ; et la Reine, à peu d'heures de distance, eut deux avis absolument différens. Le Monarque environné, précédé de ses Gardes, eût vaincu, je le crois, la résistance du Peuple ; mais l'excellente bonté du Prince lui faisoit redouter d'être l'occasion et le témoin d'un tumulte, où l'effusion du sang eût été peut-être inévitable. Cependant au moment et dans une circonstance où la Personne même du Roi pouvoit être exposée, il est évident que lui seul devoit prendre un parti définitif; et il résolut de rester à Versailles.

La question politique étoit la seule que ses Ministres et les autres personnes dont il prit conseil fussent appelés à traiter, et cette question alors étoit la seconde en rang. Je n'entendis que les avis donnés dans le cabinet du Roi, ainsi je n'ai pas connu l'opinion des Princes; mais entre un grand nombre de personnes, une seule, autant qu'il m'en souvient, se prononça pour le départ du Roi, sans aucune modification. Deux ou trois dirent oui et non, et mirent leur opinion en sûreté à l'abri des *si*, des *mais* et des *cependant*; à l'abri des formules ambiguës qui permettent de se replacer comme on veut après les événemens. Tous les autres délibérans, gens du Conseil ou hors du Conseil, exposèrent avec fixité les inconvéniens attachés à l'éloignement du Roi, et je vais rappeler en peu de mots leurs motifs et les miens.

Il y avoit alors deux partis prédominans à Paris ; l'un, où l'on distinguoit M. de la Fayette, désiroit d'avoir une influence directe et habituelle sur les décisions du Monarque et sur sa conduite politique ; et l'établissement de la Cour à Versailles contrarioit cette ambition. Un pareil vœu n'étoit pas difficile à expliquer ; il dérivoit de l'aveuglement où l'on vivoit alors sur le mérite des principes qui devoient servir de base à la nouvelle Constitution. On vouloit que le Roi les adoptât sans réserve, et l'on supportoit difficilement que des Ministres accrédités, en y refusant publiquement leur hommage, entretinssent des doutes dans l'opinion. Ce parti néanmoins croyoit pouvoir concilier toutes ses vues avec un sentiment de respect pour le Monarque et pour son Autorité, et sous ce rapport on n'avoit à lui reprocher qu'une grande méprise.

Un autre parti moins nombreux, mais plus redoutable par la nature de ses vues, ne vouloit qu'un grand trouble. On le désignoit alors sous le nom de Parti d'Orléans. Ce parti, le 5 Octobre, désiroit avec passion que le Roi s'éloignât. On présumoit que cette première démarche en entraîneroit

d'autres ; et par une confiance inconsidérée, on voyoit déjà M. le Duc d'Orléans
nommé Lieutenant-Général du Royaume,
et prenant chaque jour un accroissement de
crédit, dont le dernier terme auroit été
fixé par la chance des événemens.

Telle étoit la politique dont on accusoit
les hommes qui s'étoient emparés d'un Prince
trop facile à corrompre, et jeté peut-être
hors de son caractère, hors de ses premières inclinations du moins, par l'artifice
consommé des conseillers les plus dangereux.
Il se remit, dans son indifférence, entre
les mains des intrigans qui avoient entrepris
de le gouverner, et il se laissa marquer de
tous leurs vices.

Le Roi, guidé par des notions particulières, et que je n'ai jamais eues, craignoit les
résultats de ce foyer de machinations, plus
que les hasards de tout autre mouvement
intérieur. Ainsi lorsque les hommes du Monarque délibéroient, le 5 Octobre, en sa
présence, sur la mesure la plus convenable
à sa situation, ou, si l'on veut, la moins
dangereuse, ils étoient fondés à lui rappeler
cette maxime : Évitez de faire ce que vos
ennemis désirent.

D'autres se demandoient où iroit le Roi,
sans préparatifs, et en laissant derrière lui
une Assemblée qui s'empareroit à l'instant
des Finances et de la direction des revenus.
Je devois sentir mieux que personne une
circonstance particulière, c'est que le Trésor
Royal

Royal n'ayant encore reçu aucune aide extraordinaire se trouvoit à cette époque dans
la plus grande pénurie. On faisoit le service en employant des ressources momen-
tanées, et on les comptoit, on les disposoit
par semaine avec un embarras continuel.
Ainsi en réussissant, chose très-incertaine,
à pomper inopinément les caisses publiques,
et à faire venir de Paris à Versailles les secours d'argent, absolument nécessaires dans
une si grande circonstance, il n'y auroit pas
eu de fonds libres le lendemain, ou pour
satisfaire aux paiemens de l'Hôtel-de-ville,
ou pour envoyer dans les Provinces le prêt
des Troupes, ou pour acquitter les lettres-
de-change relatives aux achats de grains.
Toute espèce de crédit encore auroit à l'instant cessé ; et avec quel plaisir les ennemis
du Roi n'auroient-ils pas saisi une occasion
d'imputer à sa résolution, d'imputer à sa
défiance des Parisiens, d'imputer à un projet
tramé de longue main, un scandale éclatant
et ses suites incalculables ! On n'eût pas
manqué d'exagérer la somme sortie du
Trésor Royal, et l'on eût multiplié, dans
tous les genres, les mensonges et les faux
bruits, ainsi qu'on en possédoit le talent.
Enfin, dès la première nouvelle qu'on auroit eu, dans l'étranger ou dans les Provinces, du départ du Roi, la crainte des
troubles auroit à l'instant suspendu les ex-
péditions de bleds ; et au 5 Octobre on
étoit encore dans une si grande détresse,

que le moindre embarras extraordinaire auroit occasionné momentanément une disette absolue à Paris et à Versailles. Le Roi devoit-il être indifférent à la réunion de toutes ces circonstances, et auroit-on pu les lui celer sans trahison et sans perfidie ?

Il résultoit encore de la pénurie des subsistances, que par-tout où le Monarque auroit passé, par-tout où il se seroit retiré, il auroit trouvé le Peuple en fermentation ; et la Cour obligée de prendre, avec son nombreux cortège, une part des approvisionnemens, elle eût été exposée à tous les effets d'un mécontentement, que les nouvelles de Paris et de l'Assemblée auroient rapidement accrus. Et quelle impression n'auroit pas produite encore le zèle ardent, le zèle inconsidéré avec lequel le Prince auroit été suivi par des hommes, tous d'un même parti, et qui, sans lui prêter aucune assistance réelle ou suffisante, auroient jeté la plus grande défaveur sur ses résolutions et sur ses démarches ! Je dirai plus, et supposant que le 5 Octobre on eût prévu la succession des événemens futurs, cette succession hors de l'atteinte de toutes les conceptions, et que le Roi eût formé le projet de s'éloigner de l'Assemblée Nationale, de chercher une sécurité dans quelque ville frontière, il eût été plus sage de différer l'exécution d'un pareil dessein ; et l'époque dont le Monarque fit choix en 1791 étoit de beaucoup préférable. En effet, il s'étoit donné le tems nécessaire pour arranger sa marche, et pour se concerter avec un Commandant de Province à sa dévotion ; et en cachant ses vues, en tenant son départ secret, comme il le pouvoit alors, il s'étoit assuré de douze heures d'avance. Enfin les alarmes sur les subsistances étoient finies, et la Finance mise à l'aise par une création d'assignats ne se trouvoit plus exposée à aucun éclat ; deux circonstances importantes ; puisqu'en supposant la non-réussite de l'évasion du Prince, il ne trouvoit pas à son retour un Peuple exaspéré par les souffrances de la famine et par les rigoureux effets d'une suspension de paiemens.

Le Roi prit donc le 5 Octobre le parti le plus convenable à sa situation : ce fut alors l'opinion générale ; et cependant peu de personnes étoient en état de connoître l'ensemble des motifs qui devoient influer sur la décision du Monarque.

Le Roi, je dois encore le dire à l'honneur de son caractère, en hommage à la vérité ; le Roi étoit vivement inquiet des risques que son départ précipité pourroit faire courir aux personnes et aux familles, connues par leur attachement à ses intérêts et à sa cause, et qu'il laisseroit à Versailles sans aucune protection militaire et exposées à tous les excès d'une populace déréglée et trompée dans son attente. Il ne prévoyoit pas sans-doute les crimes audacieux auxquels on osa se livrer dans la nuit du 5 au

6 ; et comment auroit-il pu imaginer lui ni personne, qu'au milieu d'une force armée considérable, une troupe d'hommes épars réussiroit à s'introduire dans le château, et que sans résistance elle parviendroit jusques à l'appartement de la Reine. M. de la Fayette, en sa qualité de Commandant de la Milice Nationale, avoit pris la garde du château. Il étoit cette nuit épuisé de fatigue, et il se reposa trop sur des seconds ; mais la méchanceté la plus calomnieuse a pu seule lui imputer de l'indifférence aux devoirs qu'il avoit à remplir, et dès l'aube du jour on le vit s'exposer de sa personne et avec le plus grand abandon pour sauver des Gardes-du Corps poursuivis par une bande de furieux ; et ses plus intimes amis m'ont souvent assuré, qu'il ne pouvoit se consoler de n'avoir pas veillé lui-même dans l'intérieur du château. La témérité des brigands qui s'y introduisirent étoit si grande, le succès, à en juger par les apparences, étoit si peu probable, qu'on dut leur supposer des guides et des complices parmi des hommes d'une classe supérieure, et les soupçons se dirigèrent vers le parti qu'on croyoit le plus intéressé à un grand trouble, vers ce parti que j'ai déjà nommé, et dont le Roi avoit déjoué les projets en ne s'éloignant pas de Versailles. L'Histoire rendra compte peut-être des recherches que l'Assemblée Nationale fit elle-même pour atteindre à la vérité ; recherches d'apparat et

qui se terminèrent par un Rapport long-
tems attendu , où l'on ne vit rien avec
clarté , et où les premiers mobiles d'un
grand attentat demeurèrent cachés dans
l'ombre d'un tableau soigneusement composé. On ne put saisir aucun motif d'accusation ; mais les doutes subsistèrent , et les
soupçons ne furent pas détruits.

Le matin du 6 Octobre le Roi n'hésita point
à promettre qu'il iroit se fixer à Paris. Il se
mit en route environné de la Garde Nationale , et suivi , précédé d'un Peuple immense. Son ame étoit déchirée en pensant
au sort de plusieurs de ses Gardes fidèles
qui venoient de périr sous un fer assassin ;
et ses regards purent distinguer au milieu de
la foule, des monstres à figure humaine qui
portoient en trophée les épouvantables signes
de leur férocité sanguinaire. Quelle route !
quelle inauguration de l'avenir !

Cependant les hommes occupés uniquement
ment de faire prévaloir leurs systêmes et
d'y soumettre les opinions du Corps Législatif, ces hommes se réjouissoient en songeant que le Monarque au milieu de Paris
ne combattroit plus le développement de
leurs idées, n'arrêteroit plus la marche de
leur génie , et l'on croyoit déjà toucher au
terme d'une Constitution qui assureroit à
jamais la gloire de ses auteurs et deviendroit la lumière des siècles. Mais l'Assemblée Nationale ne tarda pas à découvrir les

conséquences du nouveau degré de confiance, du nouvel accroissement de force
qu'elle venoit de donner ou de laisser prendre aux dernières classes du Peuple. Elle
croyoit avoir reçu une assistance efficace
contre les foibles oppositions du Monarque
et de ses Ministres ; mais en élevant davantage l'autorité du Peuple, elle acquit un
maître impérieux, et se vit dans la nécessité de le servir, de l'aduler sans-cesse : heureuse encore de pouvoir déguiser ses timides
complaisances, en feignant de vouloir, la
première, tout ce qu'elle étoit obligée de
faire. L'Assemblée Nationale, au sein de
Paris, eut ses galeries habituellement rem-
plies par les hommes les plus ardens dans
le Parti populaire ou par leurs insolens Dé-
légués ; mais tel est l'empire des applaudissemens et des battemens de mains entendus en masse, tel est l'empire de ces
témoignages anonymes de la reconnoissance
et de l'admiration, que l'Assemblée Nationale ne cessa jamais de s'y montrer sensible, et au milieu de ces retentissemens, qu'elle
prit trop souvent pour le bruit de la renommée, elle oublioit dans son illusion les sévères conditions d'un triomphe durable.

L'assemblée Nationale, détournée ainsi
de son but et entraînée vers une ambition
commune par les séductions d'une vanité
impatiente de jouissances, ne pouvoit plus
tracer d'une main sûre une Constitution
politique. On ne forme point un ouvrage

de combinaison, on n'y réussit point, quand
on veut de la louange dès le premier jour,
et l'on est découragé de travailler, pour le
tems, devant des Juges dont les facultés
intellectuelles ne saisissent que le présent.

Est-ce le Peuple qui peut marquer la route
du génie et l'assister dans ses profondes méditations ? Est-ce lui seulement qui peut connoître combien est grande la tâche du Législateur ? Est-ce lui qui peut entendre par
quelles raisons il y a tant de difficultés à
concilier ensemble et d'une manière durable
l'ordre public et la liberté ? Est-ce lui qui
peut décrire les devoirs de l'homme en société et les rapports de ces devoirs avec la
tranquillité publique ? Est-ce lui qui peut
rendre hommage à l'institution des propriétés, et découvrir à l'avance l'union intime
de la justice avec les succès de l'agriculture, avec la prospérité du commerce et
l'activité de l'industrie ? Est-ce lui sur-tout
qui peut étendre assez loin ses regards, pour
calculer les diverses dépendances de l'égalité
des rangs et des conditions, et les funestes
suites des vains efforts employés à soutenir
un pareil système ? Enfin, la multitude n'as-
pire qu'à changer de situation, et la fixité,
la durée, sont le but ou la condition essen-
tielle des loix destinées à régler le sort des
Nations. Tout fut donc désespéré lorsque
l'Assemblée Constituante choisit le Peuple
pour compagnon, et cessa d'être son guide.
Elle lui inspira des volontés sans lui donner

des lumières, et pour déguiser le mensonge des louanges qu'elle lui prodiguoit, ses Orateurs s'instruisirent dans l'art de la flatterie; ils l'étendirent, ils le perfectionnèrent, et l'on vit de jeunes Sénateurs dépasser en ce vil talent les vieux serviteurs des Princes et les plus habiles courtisans.

Le Roi, depuis la Révolution de Juillet 1789, n'appeloit plus à lui par l'espérance; et la faveur populaire devenoit, chaque jour davantage, le gage des succès dans les nouvelles voies que l'ambition s'étoit ouvertes. Cependant le desir d'obtenir cette faveur n'introduisit d'abord qu'une rivalité d'homme à homme; mais au moment où une corporation célèbre fut établie sous le nom de Jacobins, on vit naître une émulation plus dangereuse. Cette corporation et l'Assemblée Nationale, unies d'intérêt et de principes, soignèrent néanmoins séparément leur popularité; et l'Assemblée Nationale, en voyant près d'elle une société formidable dont les séances étoient publiques, et qui célébroit journellement la force et la puissance du Peuple, ne fut plus la maîtresse de changer de marche et de langage; et quand elle crut avoir passé le but, elle n'eut pas la liberté de rétrograder. C'est une incommode association pour des Législateurs, qu'une grande réunion d'agitateurs politiques étrangers au Gouvernement et déchargés de la responsabilité que les actions imposent. Ils saisissent les affaires et les circonstances par quelques points principaux, et sûrs de faire trace dans l'esprit du Peuple avec un petit nombre d'idées et beaucoup de véhémence, ils s'avancent hardiment et forcent de mesure les hommes qui traînent à leur suite le char de l'Etat : c'est-là peut-être le plus grand mal qu'aient fait les Jacobins dans leurs commencemens et du temps encore de l'Assemblée Constituante. Ils contraignirent cette Assemblée à être plus démocrate que son inclination ne l'y portoit, à l'être plus encore que ses lumières et ses réflexions ne l'y eussent engagée ; et comme ils soutenoient en même tems son autorité dans le Royaume à l'aide de leurs nombreuses affiliations, ils empêchèrent les premiers Législateurs d'appercevoir de bonne heure et au flambeau de l'expérience, qu'un Gouvernement sans considération, un Pouvoir Exécutif sans force, au milieu de vingt-cinq millions d'hommes et de vingt-cinq millions d'hommes encore proclamés égaux et rangés sur la même ligne, formoient un système politique absolument incompatible avec l'établissement et le maintien d'une société régulière.

Une autre circonstance, et d'un genre différent, retarda pour l'Assemblée Constituante l'instruction qui naît des difficultés et du malheur. L'autorité exécutive a surtout besoin d'énergie lorsqu'elle est appelée à lutter efficacement contre toute la puissance de l'intérêt particulier ; mais l'Assemblée Nationale avoit affranchi le Gouvernement de cette grande tâche , en laissant tomber à dessein la plupart des droits dont le revenu public étoit composé , et en permettant tacitement aux Contribuables de se refuser aux demandes du fisc. Il falloit sans-doute suppléer d'une autre manière aux dépenses de l'Etat les plus importantes ; mais cette obligation ne fut point importune aux Législateurs de la France. Ils s'en remirent d'abord à moi du soin de balancer le vuide des revenus par tous les moyens extraordinaires que je pus mettre en usage ; anticipations , emprunts passagers , crédits dans l'étranger , transactions avec la Caisse d'Escompte , dons ou contributions patriotiques , appel de la vaisselle aux Monnoies , tout fut employé pour soutenir les paiemens du Trésor Public et pour garantir l'Etat d'une banqueroute éclatante ; et lorsque toutes les ressources furent épuisées , l'Assemblée créa cette monnoie de papier , devenue célèbre sous le nom d'*assignats* , et qui , prolongeant la faculté de dépenser sans recevoir , rendit le maniement des finances si facile et si commode. Alors le Gouvernement fut encore plus dispensé de presser les Contribuables et d'exiger d'eux des sacrifices : alors la considération et la force du Pouvoir Exécutif ne furent plus appelées à aucune épreuve difficile ; et c'est ainsi que l'institution d'une monnoie fictive , en affranchissant l'Administration du joug impérieux des réalités .

permit aux Législateurs de s'abandonner
avec plus de confiance à leurs abstractions ;
et les besoins d'argent, ces grossiers embarras, ne vinrent point les détourner de
leurs hautes pensées.

L'Assemblée Constituante fut encore en-
tretenue dans une funeste illusion sur le
mérite de son ouvrage, par le long tems
qu'exigea sa composition ; elle y consacra
trois années, et pendant cet intervalle elle
attribua toujours la désorganisation de tous
les Pouvoirs au retard de ses dernières dispositions, jamais à ses premières vues, jamais aux défauts de ses principes élémentaires.

Elle s'exagéra de plus de très-bonne heure
les contrariétés qu'elle avoit à vaincre ; elle
parloit sans-cesse et des efforts de l'Aristocratie et des manœuvres secrètes de la Cour ;
et fixant toujours l'attention publique sur les
obstacles dont elle se disoit environnée, elle
se prépara des excuses, qu'elle opposa bientôt à toutes les critiques, et fut ainsi plus
occupée d'affoiblir sa responsabilité que de
la reconnoître et de l'acquitter.

Enfin, une Constitution politique toute
nouvelle ne peut jamais être combinée avec
prudence par une Assemblée nombreuse,
sur-tout quand elle prend en mains, dans
le même tems, le Gouvernement de l'Empire ; car les discussions journalières que ces
vastes fonctions occasionnent, multiplient
les altercations, entretiennent les animosi-

tés , exaltent l'esprit de parti ; et au milieu de tant de passions , comment espérer aucune unité dans les vues, aucune harmonie dans les plans , aucun accord même et dans les volontés et dans les intentions ?

Les Américains , lorsqu'ils voulurent en 1787 donner à leur pays une Constitution nouvelle , investirent de leur confiance un petit nombre de Députés , qui se livrèrent uniquement à cette grande méditation , et qui n'eurent dans le même tems ni des finances à régir , ni des transactions de commerce à régler , ni des Administrateurs à conduire , ni des particuliers à juger , ni des autorités à combattre. Un seul terme attiroit leurs regards , une seule obligation leur étoit imposée , et de plus ils n'étoient pas , comme les Législateurs de la France , habituellement distraits dans leur marche et dans leurs travaux par le tumulte des spectateurs ; ils ne délibéroient pas, comme eux, sous l'inspection redoutable d'une horde de gens sans éducation , et qui , incapables de saisir un vaste ensemble, recevoient les idées une à une , les jugeoient de même , et toujours au gré de l'intrigue ou à la mesure de leurs passions. Certes ce n'est point ainsi que les œuvres du génie se préparent et s'accomplissent ; et c'étoit un apologue bien instructif pour ce tems-ci que la fable de Numa méditant les loix de Rome en présence d'une Déesse , et n'ayant qu'elle pour témoin de ses travaux et de ses pensées.

(61)

L'Assémblée Nationale égarée par son esprit de système et d'innovation, entraînée aussi par la force des circonstances, mais toujours en respect devant le Peuple, et foible également contre les louanges et contre les menaces de la multitude, termina de longs travaux en léguant à la France une Constitution politique, et en lui recommandant de l'admirer et de l'observer.

Ces deux injonctions ne furent pas obéies et ne pouvoient l'être. J'ai montré dans un précédent Ouvrage (1) les principaux vices d'une organisation sociale dont les premiers Auteurs et leurs Commentateurs bénévoles disoient tant de merveilles ; et comme je l'ai fait avec de grands développemens, je ne pourrois traiter le même sujet sans recourir à des répétitions. Mes présages ont été vérifiés ; et dès que les Mécaniciens qui faisoient aller l'Horloge se sont retirés, le mouvement s'est arrêté. Tout cela devoit arriver.

Cependant le Gouvernement nouveau fut encore appelé, fut coté Monarchique ; mais il n'étoit tel que par le titre. On y avoit laissé un Roi, qui, selon le propos constitutionnel, devoit être le dépositaire et le Chef Suprême du Pouvoir exécutif ; mais on l'avoit dépouillé des moyens nécessaires pour exercer efficacement la plus grande et la plus active de toutes les autorités. Il

____

(1) Du Pouvoir Exécutif dans les grands Etats.

n'avoit aucune place à donner, ni aucune grace à sa disposition ; il ne pouvoit réprimer de lui-même et sans appel aucune Administration intermédiaire, et les hommes qui composoient ces Administrations étoient tous les élus du Peuple. Le Roi, pour être respecté, ne pouvoit se servir ni du passé, ni de l'avenir ; et ces deux grands liens, la reconnoissance et l'espérance, avoient été rompus dans ses mains. Enfin on ne voulut pas même lui donner pour assistance les prestiges du Trône et l'éclat du Diadême ; on parut ignorer, que, philosophiquement et réellement, la grande utilité d'un Roi dérivoit de son empire sur l'imagination de cette ingénieuse autorité qui permet de gouverner les hommes par des moyens doux, et qui dispense de recourir à tous les appareils de la tyrannie. C'étoit véritablement n'avoir aucune idée des principes les plus simples, et jamais encore une si grande erreur ne fut commise avec tant de faste. On sembloit attacher de la gloire à dépouiller le Monarque de ses plus précieuses prérogatives ; on détruisoit ses pompes une à une, toujours au nom de la liberté et au bruit des fers que l'on prétendoit briser. On vouloit pourtant un Roi, et d'avance on le traitoit en ennemi : on vouloit un Roi, et l'on se plaisoit à défigurer les traits caractéristiques de sa haute dignité. Mais la plus inconcevable des pensées fut de supposer qu'un Trône pût subsister, battu par tous

(63)

les flots de l'égalité ; c'est d'avoir imaginé
qu'il pût rester debout, au milieu des débris
de tous les rangs, et après le renversement,
après une destruction absolue des idées et
des habitudes de respect. Il est bien remarquable que la Nation Françoise, gouvernée
par un Monarque durant tant de siècles,
n'ait jamais fait attention et à l'essence et
au caractère distinctif d'un Etre métaphysique aussi singulier, et qu'elle ait agi, ou
ses Représentans pour elle, comme si le
nom de Roi, ce nom étoit à lui seul et
sans aucun attribut étranger, le symbole
magique de la grandeur et de la Toute-Puis-
sance.

Une telle illusion n'eût pu se maintenir
qu'en renfermant le Prince au fond de son
Palais, et en ne le montrant jamais au Peuple ; mais selon la nouvelle Constitution
Françoise, ce Roi devoit être approché par
tout le monde et soumis encore à une suite
d'usages familiers, qui seuls auroient suffi
pour faire disparoître la supériorité imposante d'une Sémiramis ou d'un Louis XIV.

Voilà pourtant la Royauté dont les Législateurs François avoient conçu l'idée ; voilà
le Monarque qu'ils avoient imaginé, qu'ils
avoient formé, modelé de leurs mains
pour être le Dépositaire du Pouvoir Exécutif, le Conservateur de la tranquillité sociale, le Représentant et le Défenseur de
l'intérêt public.

Mais que pouvoit-on faire pour le Trône,

après avoir dispersé les rayons qui composoient son éclat et sa splendeur ? Le jour
où l'Assemblée Nationale, en détruisant tous
les rangs, abolit jusques aux plus légers signes
d'une gradation d'états ; le jour où, par
cette proscription solemnelle, elle consacra
le principe de l'égalité, le rendit usuel et
familier ; ce jour elle sapa, sans y penser,
les fondemens de la frêle Royauté qu'elle
avoit élevée jusques alors.

Sans-doute, avant cette époque, elle avoit
déjà remis l'administration des Provinces,
l'exercice de la Justice, l'enseignement de
la Morale et de la Religion entre les mains
des Elus du Peuple ; elle avoit averti ces
Elus, au nom de la Loi, qu'ils étoient in-
dépendans du Monarque ; et de toutes les
manières elle avoit affoibli, dégradé la Puissance Exécutive : cependant la raison et l'expérience, ces deux grandes autorités, auroient interprêté la Constitution ; auroient,
s'il l'eût fallu, dirigé, dominé le sens des
articles encore vagues ou rédigés en termes
ambigus, et l'on eût ainsi réparé graduel-
lement les vices de ce grand ouvrage. Mais
lorsqu'on eut exalté les esprits, en appelant
à la même ambition tous les habitans de la
France et en leur inspirant la même confiance, l'empire alors appartint au nombre,
l'empire alors appartint aux passions im-
pétueuses qui réunissent les volontés du
Peuple et qui les signalent ; et le Législateur, devenu l'esclave ou le courtisan crain-

tif de la multitude, ne put toucher à la Constitution du Gouvernement que pour la rendre encore plus lâche et plus démocratique : aussi l'Assemblée Nationale qui vers la fin de sa carrière, éclairée déjà par l'expérience, auroit voulu resserrer un peu le cercle de ses abstractions et se replier de l'esprit sur le sens commun, n'osa cependant réformer son ouvrage ; elle redouta la censure du maître qu'elle avoit créé, et, tremblant devant lui, elle se permit seulement de donner au Monarque le titre de *Représentant héréditaire de la Nation* ; mais il étoit trop tard pour décerner au Prince les honneurs et les prérogatives qui devoient accompagner une qualification si imposante. L'Assemblée inconsidérément, et durant le cours entier de ses séances, avoit souvent affecté de désigner le Roi sous le nom, jusques alors inconnu, de *Premier Fonctionnaire Public*. Ce fut en mourant, ce fut en dictant le dernier Codicile de son Testament politique, qu'elle changea de langage. Elle regretta peut-être en cet instant tous les Décrets, tous les Articles constitutionnels évidemment en contraste avec le nouveau titre qu'elle venoit de léguer au Monarque, et tacitement elle parut se confier à une nouvelle Assemblée de Législateurs, du soin de réparer ses premières erreurs. Ainsi divers Rois dont nous parle l'Histoire, après avoir dissipé leurs finances, croyoient appaiser toutes les plaintes, lorsque prêts à quitter la vie, ils déclaroient leurs dettes et enjoignoient à leurs Successeurs de les acquitter.

Rarement ils furent obéis; et la première Assemblée Nationale ne pouvoit pas attendre plus de déférence de la part des hommes destinés à régner après elle. La faveur populaire ne paroissoit pas encore épuisée, et les nouveaux arrivans vouloient en jouir de la même manière que leurs prédécesseurs l'avoient fait. Ainsi l'Assemblée Législative, composée en grande partie de Députés d'un caractère ardent et connu pour tel, cette Assemblée, héritière d'une Constitution qui mettoit le Monarque à la merci de tous les Chefs d'entreprise, de tous les Inventeurs, de tous les Elaborateurs de systêmes, n'eut garde de s'imposer des gênes, en reconnoissant dans le Chef de l'Etat la qualité fixe et immuable de Représentant héréditaire de la Nation. Elle pouvoit bien mieux se jouer du titre de premier Fonctionnaire Public : cette dénomination vague, cette expression flexible, convenoit à merveille aux Novateurs dont la seconde Assemblée Nationale se trouvoit remplie; et pour entraîner à une grande révolution, il ne leur restoit plus qu'à se récrier contre la cherté de ce Fonctionnaire, en même tems qu'ils jetoient des doutes sur l'utilité de sa médiation.

C'est ici toutefois que commence la seconde époque de la Révolution Françoise;

c'est ici que commence d'une manière éclatante la déclinaison de la Monarchie vers la République. Les hommes pénétrans avoient vu de plus loin ce mouvement, et ils en avoient distingué les signes avant-coureurs dans le foible ouvrage de l'Assemblée Constituante et dans les principes destructifs de toute autorité qu'elle avoit imprudemment consacrés. Cependant les François, voyant toujours un Roi, mais dont on avoit modéré les Pouvoirs, se crurent encore quelque tems redevables à leurs Législateurs de l'établissement d'une Monarchie tempérée; et les uns savoient, les autres avoient ouï dire, que, pour un grand pays, c'étoit le meilleur des Gouvernemens. Enfin ils promettoient d'être heureux et contens, pourvu que la Constitution fût exactement observée; et sous la même réserve, les auteurs de cette Constitution se portoient pour garans de toutes les espérances. Certes ils avoient raison et les uns et les autres; car en supposant un plein respect envers la Constitution civile et politique d'un pays, en supposant une libre obéissance aux diverses dispositions dont elle est composée, la foiblesse et la nullité même du Pouvoir Exécutif deviendroient indifférentes, puisque l'action d'un pareil Pouvoir est sur-tout nécessaire pour dominer les résistances et pour assurer le maintien de l'ordre et de la subordination. Ainsi donc cette réserve, *pourvu que la Constitution soit exactement observée*, ne peut pas être reçue comme une condition transitoire : elle est la question même et toute la question. En effet, et l'on ne peut trop le rappeler, le premier but d'une Constitution politique, et en même tems la plus grande difficulté, c'est de former un Gouvernement où, sans aucune aide du despotisme, sans aucune mesure extraordinaire, toutes les loix aient un appui, toutes les autorités soient respectées.

Telle fut sans-doute l'idée que se formèrent d'abord de leurs devoirs et du terme de leurs travaux les premiers Législateurs de la France. On doit le supposer du moins, quoiqu'ils aient toujours parlé de liberté, et si rarement d'ordre public. Mais ils crurent que les loix civiles et criminelles pouvoient suffire à tout, et ils le crurent avec complaisance, parce qu'ils se sentoient le zèle d'en faire en quantité et qu'ils y trouvoient du plaisir. Ils crurent qu'en ordonnant des peines, et contre les violations de la paix sociale, et contre l'insubordination des diverses Autorités dépendantes les unes des autres, ils feroient assez pour l'ordre, et que l'affermissement de la liberté étoit en politique la seule combinaison difficile, la seule vers laquelle toute leur attention devoit se diriger. C'étoit voir grossement, car le maintien de l'ordre sans despotisme tient à des précautions aussi délicates, à des idées aussi fines que le maintien de la liberté sans abus.

Le Gouvernement d'Angleterre étoit là
pour servir d'exemple à l'Assemblée Constituante; mais elle aspiroit à l'honneur d'une
invention. Elle vouloit faire oublier les Numa,
les Solons, les Lycurgue; elle vouloit étouf-
fer de sa gloire les Législateurs passés,
présens et à venir, et de grands maux ont
été le résultat d'une ambition si déraison-
nable. Quelle différence, je l'ai dit, je le
redirai, puisque j'y pense toujours; quelle
différence, si, au lieu de laisser errer et
divaguer sans fin tant de parleurs politiques,
tant de commençans, tant de novices, on
eût chargé un simple Greffier de monter à
la Tribune, et d'y lire, d'une voix de Sten-
tor, la Constitution Britannique! On eût
ouvert ensuite la discussion sur les diverses
modifications que cette Constitution pouvoit
exiger, et en elle-même, et dans son application à la France. Hélas! à quelle force
est suspendue la destinée des Empires! L'esprit se perd en se livrant à cette méditation. La vanité, dans l'Univers moral, agite
de ses petits fils les plus grands colosses,
et la raison, avec ses cables à doubles et
triples liens, ne peut rien mouvoir ni rien
retenir.

On retrouve l'empreinte de cette vérité
dans le grand exemple offert à l'Europe par
les premiers Législateurs de la France; et
l'on ose le dire, un goût de jeunes gens
pour les choses nouvelles, un desir glorieux
d'originalité, une répugnance vaniteuse et

pusillanime pour toute espèce d'imitation; enfin une confiance crédule aux figures tracées par la théorie, et un mépris inconsidéré pour les réalités gravées par l'expérience : voilà peut-être, entre plusieurs causes morales, celles qui ont le plus empêché l'Assemblée Nationale d'être une bonne ouvrière en Législation. Elle fuyoit les choses connues, et s'embarrassant dans son travail, elle a multiplié les anneaux : ses anneaux en image paroissoient se toucher et former un plan symmétrique, mais ils ne tenoient ensemble par aucun lien éprouvé, et dès les premiers mouvemens ils se sont détachés, et la gloire des Compositeurs s'est évanouie.

SECTION III.

Dernières réflexions qui me sont personnelles.

VOICI le seul moment où quelques pages sous ce titre me sont encore permises; car bientôt, et en présence de tant de calamités dont nous allons devenir spectateurs, quel homme, même le plus calomnié, oseroit arrêter l'attention sur sa personne et sur les intérêts de sa réputation ?

Ce n'est plus de mon Administration dont j'ai besoin de parler; les éclaircissemens que je pouvois devoir encore, se trouvent répandus dans le récit des premiers événemens de la Révolution et dans l'exposition de leurs causes et de leur enchaînement. Mais en attirant sur moi les regards pour la dernière fois, je me crois obligé de répondre à ces insinuations générales dont je vois qu'on se sert artificieusement pour donner un air de vraisemblance à des reproches particuliers, à des reproches que si peu de gens entendent, que si peu de gens veulent approfondir. Enfin je dois expliquer aussi par quel intérêt, les hommes d'un même parti mettent tant d'obstination dans leurs injustices envers moi. --- Il a toujours eu l'esprit novateur et systématique, témoin entr'autres, et sous son premier Ministère, ces Assemblées Provinciales, cette publicité de l'Etat des Finances, ce Compte rendu à la Nation sous le nom du Roi ; manières inusitées, incompatibles avec la Monarchie, et le premier germe de la Révolution, aux regards des fins Observateurs. --- Il a vécu dans la société des Philosophes de notre tems, et il a dû prendre à leur école ces idées nouvelles qui nous ont fait tant de mal. --- Né Républicain, il haïssoit les Rois et leur autorité. — Né Protestant, il a toujours eu pour vœu secret de perdre le Clergé et de discréditer la Religion Catholique. ---Né simple citoyen d'un petit coin du Monde, il a été jaloux des distinctions introduites dans les Pays Monarchiques, et il auroit voulu pouvoir les anéantir. — Enfin, ambitieux sans mesure, c'est par la popularité qu'il a cherché à s'élever, et il a tout sacrifié pour l'obtenir et pour la conserver. --- Ainsi ses opinions, ses préjugés, son caractère, voilà les premiers mots de la Révolution Françoise.

Eh ! Messieurs, vous ne le croyez pas, et vous ririez vous-mêmes de cette forme gigantesque donnée à un Pigmée, si vous ne trouviez pas de la convenance à placer un fantôme en avant des regards qui vous incommodent. Cependant la répétition de ces discours m'oblige à les parcourir, mais en y opposant seulement quelques réflexions jetées au hasard, car une défense méthodique seroit mal adaptée à la petitesse du sujet.

J'ai commencé mon premier Ministère à l'époque d'un grand discrédit, je l'ai continué pendant la guerre ; c'est dans une situation si embarrassante que les idées systématiques en finance auroient pu trouver place, auroient été pardonnées. Mais loin d'y recourir je cherchai des ressources dans les moyens les plus simples. Je n'en voulus point d'autres, et l'ordre et l'économie, la sagesse et la fidélité, toutes ces idées morales furent ma première assistance, et l'ancienneté de leur réputation ne m'en éloigna point. J'étudiai les abus, et je leur fis la guerre ; mais c'est toujours au plus près que je les combattis. J'évitai soigneusement les mouvemens précipités, les convulsions dangereuses, et il n'y eut d'extraordinaire, dans

cette

Cette partie de mon Administration, que son résultat, l'accroissement du crédit et la hausse du prix des fonds publics au milieu de la guerre. Et peut-être eus-je besoin de ce résultat pour anoblir ma marche terre à terre; car il me souvient qu'en commençant, on ne me trouvoit pas assez ailé dans mes deploiemens. Où étoit donc alors mon esprit inquiet et systématique ? L'institution des Assemblées Provinciales, la publicité de l'état des finances étoient des nouveautés, mais étrangères aux principes politiques. Le Ministre rendoit au Roi un compte des revenus, des dépenses, des améliorations provoquées dans leurs différentes branches, et le Monarque, pour éclairer la confiance, ordonnoit que ce Compte fût répandu par la voie de l'impression. Les assemblées Provinciales n'étoient qu'une Administration collective, et destinées à mieux faire que les Intendans et leurs Subdélégués. Les Membres dont elles étoient composées, devoient être renouvellés par les Assemblées elles-mêmes, avec l'approbation du Roi. Ce fut sous M. de Brienne que le choix en fut confié aux trois Ordres, et par cette innovation on transmit aux Assemblées Provinciales un caractère représentatif qu'elles n'avoient point eu jusques alors.

Il est une vérité certaine, c'est qu'en perfectionnant l'Administration dans un pays, on soutient sa Constitution politique : c'est

ainsi que des Gouvernemens, où les Pouvoirs sont mal distribués, se conservent sans
altération, et plusieurs Etats de l'Europe
nous en offrent l'exemple. Les Peuples,
quand ils se trouvent heureux, ne demandent point s'ils le sont réguliérement et par
le résultat d'une organisation savante. Ils
ont, par le mérite seul d'une Administration circonspecte, le Gouvernement pater-
nel, ce Gouvernement où la sagesse, l'unité
d'intérêt et la vraie amitié dispensent de
l'équilibre des Pouvoirs ; du Législatif en
deux Chambres, de l'Exécutif en dehors,
et même des méditations de la Commission
des Onze.

Les recherches des Nations sur la con-
texture des Gouvernemens ne commencent
jamais qu'avec leur mécontentement ; et en
pensant à cette vérité, en me souvenant de
l'attachement que j'ai vu pour le Roi et pour
la Monarchie durant mon premier Ministère,
je m'absous hardiment du reproche d'avoir
concouru, par aucune de mes dispositions
administratives, au discrédit de l'ancienne
forme du Gouvernement ; et je l'aurois peut-
être étayée de nouveau, et par les mêmes
moyens, si de grandes fautes n'avoient pas
obligé le Roi à promettre la convocation
des Etats-Généraux.

Ce n'est pas seulement dans mon premier Ministère que j'ai fait preuve de mon
attachement aux principes sages et modérés
qoyez dans mon Ouvrage sur l'Administra-

tion des Finances, si jamais j'ai couru après les nouveautés systématiques. Je n'ai eu de partialité que pour les vieilles maximes ; et ce n'est pas toutefois en adorateur servile que je les ai défendues, car de tems à autre j'ai montré, que je pense, la faculté de saisir les idées à leur première origine. Seulement en m'y élevant, je ne suis pas resté habituellement dans les airs comme quelques-uns des Métaphysiciens politiques de nos jours.

Je ne sais aussi ce qu'on veut dire avec cette accusation de Philosophie moderne, qu'on n'entend pas trop soi même. J'avoue les relations suivies que j'ai eues avec des hommes distingués dans les sciences et dans les lettres, et je me félicite d'avoir pu étendre et fortifier mon esprit dans leur conversation, et dans leur société. Ils pensoient avec moi, que la morale et la politique avoient une étroite union ; et sans fixer sur d'autres points nos rapports ou nos différences de sentimens, il me suffit d'avoir constaté mes principes de la manière la plus évidente, il me suffit de leur avoir donné de la publicité dans un Ouvrage qu'on lit encore ce me semble ; dans un Ouvrage où, avec amour et avec persuasion, j'ai cherché à pénétrer les hommes d'un saint respect pour l'Être Suprême, et à placer leurs devoirs sous la sauve-garde des idées et des opinions religieuses. Ah ! si la licence des systêmes et le libertinage des esprits ont contribué, comme je le pense, aux malheurs de la France, ce n'est pas moi sûrement qu'il faut appeler en cause. J'ai souvent combattu les agresseurs des vérités utiles, et jamais on ne m'a vu dans leurs rangs.

Je jette ensuite un coup-d'œil sur cet homme ambitieux de popularité, et toujours occupé de l'étendre et de la conserver. La vérité est pourtant, que si j'ai eu de la popularité, je l'ai obtenue sans aucun effort particulier et par les mêmes moyens qui m'avoient mérité l'estime publique ; mais loin de chercher à faire aucun usage personnel de cette popularité, loin d'en avoir eu jamais la pensée, loin d'avoir songé même à la ménager, à la manière des avares, je l'ai hasardée sciemment toutes les fois que j'ai cru pouvoir m'en servir pour un avantage public ou pour rendre service aux opprimés ; et sans parler de la hardiesse avec laquelle je l'aventurois toute entière, dans mon Projet du 23 Juin, je puis dire que je l'ai perdue pour l'avoir sans-cesse risquée et en le voulant bien.

C'est ainsi, par exemple, qu'en revenant de Basle, et au milieu des villes les plus exaltées, je ne craignis point de faire entendre un langage en contraste avec les passions dominantes, et que souvent, à mon doux souvenir, j'y devins l'heureux Défenseur de l'innocence abandonnée aux aveugles fureurs de l'esprit de parti.

C'est ainsi que, peu de jours après mon retour à Versailles, et à la grande surprise des nouveaux Politiques, je jouai sans hésiter toute ma part à la bienveillance des Parisiens, pour essayer de sauver la vie et la liberté d'un seul homme.

Mais ce fut singulièrement, ou en résistant ouvertement à la marche invasive de l'Assemblée Nationale ou en disputant contre ses erreurs, que j'exposai sans-cesse cette popularité, courue à tout prix par tant d'autres.

C'est ainsi que, dans tous mes Mémoires à l'Assemblée Nationale, et au risque certain de lui déplaire, je ne cessai de réveiller son attention sur l'importance du Pouvoir Exécutif, et sur le danger où elle exposoit l'ordre public, en négligeant d'investir le Monarque des prérogatives nécessaires à son Autorité.

C'est ainsi que je combattis par des observations vigoureuses, et les résolutions précipitées du 4 Août, et les Décrets de l'Assemblée Nationale destinés à ôter au Monarque la faculté de donner, de sa propre Autorité, la plus petite gratification, la plus légère récompense pécuniaire.

C'est ainsi qu'invité par mon intérêt personnel à multiplier les jours sur la Régie des Finances et à profiter, en ma qualité d'Administrateur économe, du mérite des parallèles, je résistai pourtant, et avec une opiniâtreté dangereuse, à mettre l'Assemblée Nationale dans la confidence inutile du Régistre, devenu célèbre sous le nom de *Livre Rouge*, et où se trouvoient inscrites les dépenses secrètes ordonnées par le Roi durant le cours de son règne.

C'est ainsi que, parlant au nom du Prince et défendant une cause abandonnée, je réclamai la justice de l'Assemblée Nationale en faveur des Ecclésiastiques dépouillés de leur état, et en faveur des Propriétaires de tout ordre devenus les victimes des déprédations et des violences que l'Autorité publique n'avoit pu réprimer.

C'est ainsi enfin, que, dans un moment où le Peuple lui-même, entraîné par des illusions, se prononçoit avec éclat en faveur d'une création illimitée de papier monnoie, j'osai m'élever le premier contre une idée dévastatrice des principes d'ordre et de justice.

Mais jamais toutefois je ne renonçai plus ouvertement à la faveur populaire, qu'en refusant d'admirer le Décret destructif de la gradation des rangs et en résistant, selon mes moyens, à l'établissement d'un systéme dont je présageai de bonne heure les dangereuses suites et pour le Monarque et pour la Monarchie.

J'oserai donc le dire, en jetant un dernier coup-d'œil sur mon second Ministère, je ne me suis compté, au milieu des affaires, que dans une petite proportion et pour une part inséparable de la foiblesse humaine. Demeuré libre par ce moyen, et susceptible même de toute la fierté qui appartient à l'indépendance, ma conduite s'est ressentie d'une position si favorable, et d'abord envers les deux premiers Ordres, qui, embarrassés dans leurs préjugés, restoient trop en arrière du tems présent ; ensuite envers l'Assemblée Nationale, qui, dans sa course impétueuse, adressoit à un avenir d'imagination ses compositions ou ses pensées ; et encore envers la Cour, qui, agitée entre ses souvenirs et ses craintes, devoit être incertaine et vacillante. J'ai rempli dans ces divers rapports, si non habilement, si non avec succès, du moins en honnête homme, un devoir difficile. Mais toujours au centre des événemens et paroissant y toucher, on a pu facilement m'imputer les erreurs et les fautes contre lesquelles j'ai le plus combattu ; et comme je l'ai dit au commencement de cet Ouvrage : « La » foule des spectateurs, en me regardant » de la plaine, a dû me voir sans-cesse » autour d'un char qui descendoit, rouloit » avec vîtesse du haut d'un mont élevé ; » et elle a pu croire que je le poussois, » que j'accélérois du moins son mouvement, » tandis qu'au contraire je retenois les roues » de toutes mes forces, et j'appelois con- » tinuellement au secours ».

Et si par hasard on m'avoit observé depuis que j'ai quitté la France, ou si l'on daignoit accorder un moment d'attention aux Écrits dépositaires de mes sentimens et de mes pensées, on y trouveroit peut-être une sorte de prolongation de mes actions comme homme public; on verroit que, sous le règne encore de la première Assemblée Nationale, j'ai osé développer ses fautes et les vices de son ouvrage; on verroit que, sous l'empire menaçant d'un aveugle fanatisme, j'ai osé combattre le système chéri de l'Egalité et marquer de nouveau les sacrifices que la raison et la morale demandoient à la Liberté; on verroit enfin (triste souvenir !), on verroit qu'au moment où toutes les Autorités, d'accord avec toutes les passions, sembloient avoir conjuré la perte du plus infortuné des Princes, je parus le premier au rang de ses Défenseurs. Ah ! je ne me place point sur la ligne du vertueux Malesherbes, et de ses généreux compagnons; mais qu'on ne cherche point à dégrader mon zèle, en le présentant comme un dévouement sans péril. J'avois alors entre les mains de ceux dont j'attaquois de front les principes funestes et les cruels desseins, j'avois alors sous leur puissance la plus grande partie de ma fortune, le fruit de quarante ans de travaux et d'économie, et ils ne tardèrent pas à s'en emparer. Un mot artificieux qu'ils insérèrent dans la Loi sur les Emigrés, leur servit de prétexte pour saisir tout mon bien, mes maisons, mes rentes viagères et mon dépôt de deux millions au Trésor Royal, dépôt presque sacré par tant de circonstances. Tel

a été le prix de sept années de service public, sans aucun appointement, sans aucune
espèce de rétribution ; tel a été le prix des
travaux et des travaux heureux à l'aide des-
quels, au tems de ma première Administration, je portai l'ordre et l'économie dans
toutes les parties des Finances ; je relevai le
crédit d'une manière éclatante ; je soutins
la guerre sans impôt, et je multipliai cependant les secours en faveur de la classe
indigente et malheureuse du Peuple. Tel a
été le prix des soins que je me suis donnés,
pendant mon second Ministère, pour soutenir, au milieu des circonstances les plus
inouïes, l'édifice chancelant de la fortune
publique. Tel a été sur-tout le prix de mes
veilles, de mes inquiétudes et des risques
personnels que j'ai courus pour garantir Paris
et plusieurs Provinces de toutes les horreurs
de la famine (1). Enfin tel a été le prix
du dévouement qui m'a fait revenir au milieu
des périls lorsque j'en étois écarté (2).

---

(1) Je dis *les risques personnels*, non pas seu-
ment parce que l'événement portoit en entier sur
moi, mais aussi parce que j'ai donné ma garantie
et mon engagement privé, dans un moment où la
confiance envers le Trésor public étoit épuisée.

(2) Qu'on lise encore si l'on veut, et toujours
par forme de contraste avec l'injustice dont je me
plains en ce moment, le Discours suivant de M.
le Duc de la Rochefoucault-Liancourt. Il me l'adressa
comme Président de l'Assemblée Nationale à mon
retour de Basle au mois de Juillet 1789.

Voilà la conduite des uns : les autres,
répandus dans toute l'Europe, abusent de
leur malheur et de l'intérêt qu'ils inspirent

« Monsieur, vous aviez en vous éloignant des
» affaires emporté l'estime et les regrets de l'Assem-
» blée Nationale : elle l'a consigné dans ses Arrêtés ;
» et en exprimant ainsi les sentimens dont elle étoit
» pénétrée, elle n'a été que l'interprète de la Na-
» tion.

» Le moment de votre retraite a été celui d'un
» deuil général dans le Royaume.

» Le Roi, dont le cœur généreux et bon vous
» est connu plus qu'à qui que ce soit, est venu
» dans cette Assemblée s'unir à nous, il a daigné
» nous demander nos conseils : nos conseils devoient
» être ceux de la Nation ; ils étoient de rappeler à
» lui le Ministre qui l'avoit servi avec tant de dé-
» vouement, de fidélité et de patriotisme. Mais déjà
» le cœur du Roi avoit pris de lui-même ce con-
» seil salutaire ; et quand nous pensions à lui ex-
» primer nos vœux, il nous remettoit la lettre qui
» vous invitoit à reprendre vos travaux : il desiroit
» que l'Assemblée Nationale y joignît ses instances,
» et il vouloit, pour gage de son amour, se con-
» fondre encore avec la Nation pour rendre à la
» France celui qui en causoit les regrets, et qui en
» faisoit l'espérance.

» Vous vous étiez, en partant, dérobé aux hom-
» mages du Peuple ; vous aviez employé, pour
» éviter l'expression de son estime, les mêmes
» soins qu'un autre eût pris pour fuir les dangers
» de son mécontentement et de sa haine. Vous
» touchiez au moment où, après une longue et pé-
» nible agitation, vous alliez trouver le calme et
» le repos : vous avez connu les troubles qui agi-

pour m'attaquer dans l'opinion publique,
et pour m'appeler en cause à chaque événement désastreux, à chaque acte de ty-

---

» toient ce Royaume; vous avez connu les vœux
» ardens du Roi et de la Nation, et sans vous
» aveugler sur l'incertitude des succès dans la car-
» rière qui de nouveau s'ouvroit à vous, vous
» n'avez pensé qu'à nos malheurs; vous vous êtes
» rappelé ce que vous deviez à la France pour l'at-
» tachement et la confiance qu'elle vous donne;
» vous n'avez plus pensé à votre repos, et, d'après
» vos propres expressions, vous avez, sans hési-
» ter, *préféré le péril au remord.*

» L'empressement des Peuples qui se portoient
» en foule sur votre route, la joie pure et sincère
» qu'a reçue le Roi de votre retour, les mouve-
» mens que fait naître votre présence dans cette
» salle, où votre éloge étoit, il y a quelques jours,
» prononcé avec tant d'éloquence et entendu avec
» tant d'émotion, tout vous est garant des senti-
» mens de la France entière. La première Nation
» du Monde voit en vous celui qui, ayant parti-
» culiérement contribué à la réunion de ses Repré-
» sentans, a le plus efficacement préparé son salut,
» et peut seul, dans ces momens d'embarras, faire
» disparoître les obstacles qui s'opposeroient encore
» à sa régénération. Quel homme avoit droit de
» prétendre à une si haute destinée? Et quel titre
» plus puissant pouvoit assurer la France de votre
» dévouement le plus absolu?

» Peut-il donc être offert à la Nation un présage
» plus certain de bonheur, que la réunion des vo-
» lontés d'un Roi prêt à tout sacrifier pour l'avan-
» tage de son Peuple; d'une Assemblée Nationale
» qui fait, à l'espoir de la félicité publique, l'hom-

rannie ou de despotisme populaire dont
les amis de l'humanité ont eu si souvent
à gémir. Quelle dure injustice ! Et c'est

» mage des intérêts privés de tous les Membres
» qui la composent, et d'un Ministre éclairé qui,
» aux sentimens d'honneur qui lui rendent le bien
» nécessaire, joint encore la circonstance particu-
» lière d'une position qui le lui rend indispensable.
» Et quelle époque plus heureuse, Monsieur, pour
» établir la responsabilité des Ministres, cette pré-
» cieuse sauve-garde de la Liberté, ce rempart certain
» contre le despotisme, que celle où le premier
» qui s'y soumettra, n'aura de compte à rendre à
» la Nation que celui de ses talens et de ses vertus !
» C'est après ce salutaire établissement, que vous
» avez sollicité vous-même, dont vous aurez été
» le premier exemple, que l'homme portant un cœur
» droit, des intententions pures, un caractère ferme,
» une conscience à l'abri de tout reproche, pourra,
» s'il est doué de quelque talent, aspirer ouverte-
» ment au Ministère. Glorieux alors de l'idée qu'au-
» cune action mauvaise, qu'aucune complaisance fu-
» neste, qu'aucune intrigue sourde ne pourront être
» dérobées au jugement de la Nation, il bravera les in-
» tentions obscures de la haine et de l'envie, et por-
» tera dans son cœur l'heureuse confiance que la
» vérité est toujours plus forte, et plus convaincante
» que la calomnie, quand l'une et l'autre ne peuvent
» élever la voix que devant une Nation généreuse
» et éclairée.

» C'est en vous soumettant aujourd'hui, Mon-
» sieur, à cette honorable épreuve ; c'est en re-
» prenant la place que vous avez consenti d'accepter,
» que l'exercice de vos talens, que votre fidélité
» inviolable aux intérêts de la Nation et du Roi,

toujours le nombre des Députés des Communes aux Etats-Généraux, c'est toujours
ce nombre rappelé sous le nom de *doublement du Tiers* qui forme le sujet de leurs
reproches. Les premiers Chefs politiques
d'une Caste persécutée se sont servis contre
moi de ce mot proverbial, de la même
manière que les Chefs populaires ont employé contr'eux le mot d'*Aristocrates*. Et,
en effet, c'est une arme de choix en ini-

» désormais indissolublement liés, sauront prouver
» à l'Europe, sans l'étonner, combien étoient jus-
» tes et les regrets publics et l'alégresse universelle
» dont il appartenoit à vous seul d'être l'objet.

» Si, dans cette circonstance, il pouvoit m'être
» permis de laisser échapper l'expression d'un sen-
» timent qui ne m'est que personnel, je dirois com-
» bien il m'est doux de lier l'époque glorieuse pour
» moi d'une fonction honorable que je ne dois qu'à
» l'extrême indulgence de cette auguste Assemblée
» et que je ne puis justifier que par mon zèle, à
» l'époque tant desirée de votre retour à un Mi-
» nistère que vous signalerez par votre attachement
» pour une Constitution qui va bientôt assurer le
» bonheur de l'Empire.

» L'Assemblée a vivement applaudi le discours
» de M. le Président; elle y a trouvé ses sentimens
» et ses principes exprimés avec tant de noblesse,
» de justesse, d'éloquence et d'énergie, qu'elle en
» a ordonné l'impression et son insertion dans le
» procès-verbal ».

*Procès-verbal de l'Assemblée Nationale
du Mercredi 29 Juillet 1789.*

mitié que les expressions vagues ou les phrases confuses ; car, sans rien perdre de l'impression qu'on veut faire, on s'affranchit encore des objections. Les hommes du Peuple débitent communément des absurdités, quand on s'avise de leur demander l'exacte définition du mot *Aristocrate* ; et les Nobles de France, lorsqu'ils s'élèvent en écho contre le *doublement du Tiers*, et lorsqu'ils veulent engager les étrangers à recevoir cette parole, comme l'explication toute entière de la Révolution Françoise, ne savent la plupart résoudre aucun des doutes que les gens capables de réflexion se permettent de leur présenter. Il ne tient pas d'abord à eux qu'on n'entende par l'Ordre de la Noblesse de France, la réunion pure et sans tache de ces anciens Chevaliers dont les noms sont épars dans l'Histoire ; et par le Tiers-Etat, des hommes de l'espèce de ceux qu'on entend jurer et vociférer dans les cabarets ou dans les tabagies démocratiques ; tandis qu'en 1789 l'Ordre de la Noblesse étoit composé, en très-grande partie, de familles séparées du Tiers-Etat par un petit nombre de générations ; et que le Tiers-Etat, non pas en masse sans doute, puisqu'alors il formoit à-peu-près toute la Nation, mais par ses Elus ou par ses Eligibles, présentoit une collection nombreuse d'hommes d'esprit, d'hommes éclairés, et particulièrement instruits de l'agriculture, du commerce, des loix et des intérêts de leur pays.

Que si l'on écoute encore, et toujours sur le *doublement du Tiers*, ces interprètes de la Révolution Françoise, discourant sans contrainte au milieu des étrangers, et si l'on se fie à leurs enseignemens ou aux opinions qu'ils ont eux-mêmes acquises par la foi, l'on sera jeté d'erreurs en erreurs; on croira que l'Autorité morale des trois Ordres, cette Autorité attachée à leur considération respective, n'avoit éprouvé, par l'effet du tems, aucun changement, aucune altération. On croira de plus, et toujours en prêtant l'oreille aux mêmes Instituteurs, que le nombre des Députés des trois Ordres aux Etats-Généraux étoit fixé par les loïx du Royaume; qu'il l'étoit, dans la proportion de deux à un, en faveur des Ordres privilégiés, et que jamais on n'avoit connu d'autre proportion. On ignorera que le Tiers-Etat envoyoit plus ou moins de Députés aux Assemblées Nationales, selon qu'il y étoit déterminé par des vues générales et par des circonstances particulières. On ne sera pas averti du moins de fixer son attention sur l'usage qu'il en auroit fait, à une époque où toute la Nation desiroit d'avoir entrée aux Etats - Généraux; on ne sera point averti de fixer son attention sur la nature des affaires qui devoient être traitées dans cette Assemblée mémorable, et sur l'impossibilité de soumettre à la décision suprême de deux Ordres privilégiés les plus grands intérêts dont la France se fût jamais occupée. On ne sera point averti sur-tout de fixer son attention sur l'éclatante renonciation des Parlemens à la Législation des impôts et des emprunts, sur cette nouveauté si importante, et sur toutes les conséquences qui devoient en dériver, dans un tems où cinq cents millions de revenus ne suffisoient pas aux besoins de l'Etat. Mais je m'arrête; car en essayant de me former une idée des divers degrés d'ignorance qui servent d'échelons à de certaines persuasions, je serois prêt à rentrer dans un sujet dont j'ai déjà parcouru tout l'espace. Je ne puis omettre cependant une dernière réflexion sur le *doublement du Tiers*, ou plutôt sur l'emploi continuel de ce mot de ralliement. On demandera par quel motif, par quel intérêt les Nobles de France, à l'imitation de leurs principaux guides, répètent toujours cette phrase, reconduisent toujours à la même idée, quand on s'adresse à eux pour recevoir des instructions sur les commencemens ou sur les premières causes de la Révolution. C'est, il faut l'avouer, il faut le dire, c'est qu'ils veulent écarter toute autre explication, c'est qu'ils évitent ainsi de ramener l'attention vers les fautes dont ils sont devenus responsables et dont ils se font peut-être un reproche secret. Je l'ai montré avec les ménagemens dus à l'infortune et à l'oppression, mais je l'ai montré pourtant. Les Députés des deux premiers Ordres aux Etats-Généraux, les Députés de

la Noblesse sur-tout, en regardant toujours
le passé, jamais le présent, jamais l'avenir ;
en appréciant, en n'appercevant peut-être
aucun des changemens survenus dans tous
les grands rapports, qui composent, au
milieu des Etats, le système des forces morales ; ces Députés encore, en demandant
sans cesse l'assistance d'un Pouvoir qui lui-
même avoit besoin d'aide, et dont il eût
fallu déguiser la foiblesse ; ces Députés enfin,
en confondant, dans leur imprudente conduite, la roideur avec la fermeté et l'opiniâtreté avec le courage, ont été les promoteurs d'une Révolution qui s'est exécutée par l'autorité de l'opinion publique. Ils
pouvoient la gagner cette opinion, ils pouvoient la disputer aux Représentans du Tiers-
Etat ; et dédaignant son alliance, ils ont
cru témérairement qu'ils pouvoient la maîtriser avec l'Autorité de la Cour, avec le
crédit des Princes, avec un langage superbe,
avec des moyens usés, et qui, dans leur
ancienne vigueur, eussent été peut-être in-
suffisans. Je l'ai dit, les deux premiers
Ordres ou leurs Représentans, les deux
Ordres enviés autant que favorisés, n'ont
pas voulu, n'ont pas su faire à tems et sans
restriction aucun des sacrifices qu'imposoit
à leur politique une circonstance sans modèle ; ils ont paru croire que leurs nombreuses prérogatives n'avoient de force qu'en
faisceau, tandis qu'une seule peut - être,
habilement ou généreusement abandonnée,

auroit sauvé les autres. Jamais, dans un si court intervalle, on ne commit tant de fautes ; et toutes se rapportent à la conduite ou à l'influence des hommes les plus marquans dans les deux premiers Ordres. Ils ont donc quelque intérêt à distraire l'attention des observateurs et à leur faire prendre le change ; ils ont quelque intérêt à mettre en vogue le mot ou le dicton du *doublement du Tiers*, et à ne rien négliger pour faire recevoir l'idée qu'ils y attachent, comme la meilleure explication des premières causes de la Révolution Françoise.

QUE me reste-t-il à dire encore, avant de porter plus loin mes regards et mes réflexions, avant de diriger l'attention vers les événemens qui ont suivi la dissolution de l'Assemblée Constituante ? Je suis plus impatient de finir de moi que je ne puis l'exprimer ; et cependant je ne me présente que sous les rapports où ma conduite publique se trouve étroitement unie à des intérêts généraux, et je laisse à l'écart, avec le plus profond mépris, les calomnies de détail dont les Écrits du moment sont encore si souvent remplis.

Une réflexion triste cependant ne peut m'échapper. Je fus et je suis encore un exemple remarquable des persécutions auxquelles un esprit de tempérance expose les hommes publics, dans les tems de trouble et d'agitation. Ils se trouvent au milieu de toutes les passions, sans être en faveur auprès d'aucune; et ils n'ont pour eux que la chance incertaine des jugemens à venir, ou la voix sourde et tremblante des honnêtes gens de leur siècle.

Tous les traits en se croisant les ont frappés; et comme on les voit dépassés par le mouvement accéléré des passions, comme on les voit en arrière aussi des idées nouvelles et systématiques, on dédaigne la marche de leur esprit, et leur caractère même est accusé de foiblesse. Cependant il faut du courage aussi, pour rester fidèle aux opinions modérées et pour se résoudre à ne jamais quitter ce poste abandonné, et dont la garde est si difficile.

Tel fut autrefois le mérite du sage l'Hospital, également odieux de son tems et aux Catholiques et au Protestans, et aux Parlementaires et aux amis du despotisme. J'ai éprouvé la même disgrace, sans ressembler à ce grand homme. La Postérité l'a vengé; me sera-t-elle aussi favorable ?

Je ne suis pas à l'abri dans ma retraite du contre-coup de toutes les inimitiés que j'ai encourues dans la carrière de l'Administration; et les Écrits dont je fais de tems à autre la lecture, les propos, les discours qui me reviennent, tout m'apprend chaque jour que j'eusse mieux soigné ma fortune morale en me jetant dans l'un ou l'autre extrême. Grand Dieu, ce n'est pas un regret ! Que vaut l'opinion des autres, près des consolations de sa propre conscience ? Comment d'ailleurs ne serois-je pas resté l'objet d'un nombre infini de ressentimens ? Ah ! de ma part, sans aucun retour et sans aucun commencement, sans aucune indifférence à la bienveillance des autres, sans aucune sécheresse de cœur, sans aucune humeur hostile, sans aucune idée sur-tout étrangère à mes devoirs, mais par un attachement inébranlable aux principes de la raison.

J'avois défendu le Trésor Royal contre les demandes des Princes et des grands Seigneurs. J'avois contrarié sans-cesse l'avidité des Courtisans. J'avois circonscrit rigidement les bénéfices des Financiers. J'avois multiplié les réformes dans toutes les parties de l'Administration. Voilà pour mon premier Ministère ; et au milieu de tant d'abus, mes réformes, mon économie et mes nombreux refus se sont tracés dans un si grand espace, qu'encore aujourd'hui je pourrois dire de tel Ecrivain amer, de tel Discoureur ardent contre moi : voilà pourquoi cet homme se fâche, voilà pourquoi ses expressions sont dures ou inciviles. Ensuite, et depuis mon second Ministère, je me suis trouvé si rarement en ligne avec les diverses exagérations dont j'étois spectateur, que je n'ai dû plaire à personne. J'ai contrarié les deux premiers Ordres, lorsque j'ai voulu les amener aux condescendances dont une politique bien entendue leur eût donné le conseil, et lorsqu'il m'a paru sage de prévenir, au nom du Gouvernement, l'abaissement inséparable d'une soumission contrainte à la force impérieuse des circonstances. Je n'ai pas irrité moins vivement les Chefs populaires, en retenant de toutes mes forces leur marche impétueuse. J'ai blessé, par de justes critiques, les inventeurs de la Constitution de 1791. J'ai censuré la conduite des Ministres qui avoient amené, par leur Administration, la nécessité des Etats-Généraux. J'ai blâmé les Parlemens d'avoir interdit l'action du Gouvernement, en se déclarant tout-à-coup sans pouvoir pour enrégistrer aucun emprunt et aucun impôt. Enfin, je ne sais trop avec quel ordre de la société je ne me suis pas mis en guerre ou en opposition : j'ai trouvé des torts à tout le monde; comment ne m'en auroit-on pas cherché ! comment ne se seroit-on pas armé contre moi d'une sévérité rigoureuse ? Ce n'est pas tout encore ; car au milieu d'une discussion naturellement compliquée, il a dû s'élever, parmi les hommes attachés aux mêmes principes, des différences accidentelles de sentiment, et j'ai vu qu'elles suffisoient pour exciter des brouilleries. J'ai vu qu'on étoit aussi disposé à blâmer et à haïr pour une discordance sur un seul point, que pour une séparation pleine et entière d'esprit et d'intérêt. Il en est peut-être des controverses politiques comme des controverses religieuses, où les Sectaires les plus rapprochés d'opinion

ont le moins d'égards les uns pour les autres.
Sont-ce les amours-propres qui se heurtent
alors d'avantage ? ou les distances, en général, seroient-elles bonnes pour la paix et
bonnes pour le respect dans toutes les parties
de l'ordre moral ? Enfin, car le ridicule se
mêle quelquefois aux sentimens les plus
sérieux, un grand nombre de personnes,
dans tous les pays, sans rien entendre aux
premières discussions politiques de la France,
sans avoir voulu les étudier, sans le pouvoir peut-être, se prononcent à tout hasard
contre le prétendu *doublement du Tiers* et
contre le nom propre auquel on attache
cette disposition. Ils se marquent ainsi, le
croiroit-on, pour signaler leur union, leur
affiliation, vieille ou nouvelle, à l'Ordre de
la Noblesse. Le mal qu'ils disent de moi
témoigne ainsi de leur état ou de leurs prétentions ; il sert de plumet à leur vanité ou
de couleur à leur gloriole. Honneur leur en
soit, je le veux bien. Pauvre humanité ! quel
spectacle de dérision vous offrez encore aux
Observateurs, au milieu même des crimes
dont la Terre est déshonorée !

Que penser encore de ces protecteurs,
toujours prêts à répéter : Ne lui voulez pas
de mal ; tout son tort est de n'avoir pas
connu les hommes ? Hélas ! je voudrois bien
ne les avoir pas connus ! Mais à quoi s'applique votre sentence ? A rien, absolument
à rien. Et vous en jugeriez de même si vous
recherchiez l'origine de la Révolution, si

vous vouliez étudier son mouvement, sa marche et ses progrès.

Un mot aussi de ces Observateurs, qui se disent défians et se font soupçonneux, pour avoir une réputation de perspicacité. Ils expliquent un bouleversement général, à la manière privée de leur esprit et de leur caractère, et ils supposent par-tout des trames secrètes, afin d'assigner la première place à l'art de l'intrigue. Il faut ranger ces Politiques à côté de ceux qui auroient, disent-ils, éloigné la Révolution par un seul acte d'autorité. Il n'est si petit Aide-Major qui ne tînt aujourd'hui ce langage, s'il lui étoit arrivé d'en imposer par son ton, au milieu d'une caserne ou d'une chambrée. On argumente du petit au grand avec une facilité parfaite, lorsqu'on reste toujours le héros de la fable.

J'OUBLIOIS presque de répondre aux mots de Protestant, de simple Citoyen d'une République, à ces mots qui présentent la solution lumineuse de toute ma conduite. Mais aurois-je montré si peu d'esprit, si peu de caractère, que je dusse être jugé dans l'âge viril sur les particularités de mon enfance ? Ou est-ce ici de l'instinct qu'on doit à sa nature et à son éducation dont on veut parler ? de cet instinct, il est vrai, souvent plus fort que la réflexion. Alors, m'examinant bien, je dirai, avec la plus grande vérité, que j'ai toujours aimé dans les autres

tous les genres de grandeurs conventionnelles ; car ne m'étant jamais senti imposé par
aucune, et n'ayant pas la faculté de relever
les hommes, à ma volonté, par des qualités
morales, j'aurois voulu, pour le charme de
mon imagination et peut-être aussi pour ma
plus grande aisance, leur donner une sta-
ture d'apparence, et leur prêter à tous,
faute de mieux, des panaches ou des échas-
ses. Je ne sais pourquoi je m'explique ainsi;
car, rigoureusement parlant, c'est presqu'une impertinence ; mais je suis seul avec
moi-même, et si je viens à publier mes
pensées, j'effacerai ce paragraphe ou je ne
l'effacerai pas.

La qualité de Protestant, qui a dû nécessairement me rendre ennemi de la Religion
Catholique, n'offre pas seulement à mes
adversaires le secours d'une présomption ;
car, en me faisant si bon Calviniste, ils
devroient au moins s'entendre avec eux-
mêmes, et ne pas oublier qu'ils m'ont le
plus souvent présenté comme un sectateur
de la Philosophie moderne, d'une Philosophie dont les Disciples n'ont pas la réputation de prendre feu entre les différentes
sectes. Mais laissons-là toutes ces absurdes
contrariétés. J'ai professé plus authentiquement que personne, en ce siècle, mon
respect pour les opinions religieuses ; mais
j'ai fait voir aussi que je les honorois, que
je les considérois dans un cercle assez haut
pour n'être pas accusé légèrement d'avoir

jamais

Jamais eu la pensée, de déranger, en aucun lieu, la marche usuelle et pratique de la piété. Ah ! qu'elle soit vraie cette piété, qu'elle soit touchante et sensible, et le Dieu de l'Univers saura bien tendre la main à ceux qui le cherchent !

Les idées, les insinuations générales ont été de tout tems l'arme d'élite des agresseurs habiles. Elles sont à la portée de tous les entendemens et n'exigent aucune preuve. N'est-ce pas là la perfection ? Le vraisemblable, toujours débarrassé des intermédiaires, se saisit à l'instant, tandis que la connoissance, la recherche du vrai, exigent un examen. Aussi, c'est à des hommes choisis que la société confie l'étude et l'inquisition des vérités essentielles à l'honneur et à la fortune des citoyens ; au lieu que la multitude, la foule ignorante et légère, s'érige sans scrupule en tribunal des vraisemblances.

Ici je finis de moi, de ma cause et de ma défense, et j'en finis pour toujours. J'ai mêlé ce sujet à de grandes discussions, et cependant j'ai toujours eu la crainte de me montrer, et de paroître importun. Il y a d'ailleurs à parler de soi je ne sais quel attachement au monde et à son approbation, qui ne va plus à l'état de mon ame. Et qu'aurois-je à recueillir aujourd'hui dont la moisson me fût chère ? Il n'est rien de précieux pour l'homme isolé ; il n'est rien qui le touche, même dans la renommée ; et le tems des partages est passé pour moi. Il n'est plus là cet ami qui s'associoit à ma vie ; il n'est plus là cet ami que j'invoquois, et contre les attaques de mes censeurs, et contre mes propres défiances. J'ai perdu mon garant, j'ai perdu mon soutien ; et si l'obscurité, inséparable d'un tems dejà loin de moi, me jette en quelque doute, en quelque incertitude, il faut que seul je cherche la trace de mes intentions et de mes travaux ; il faut que seul je me réfugie dans la retraite de ma conscience. Mais qu'il est encore tremblant cet asyle, quand la main d'un ami ne le rassure pas, et quand les tendres soins d'un confident intime n'y veillent pas sur notre repos ! Ah ! je le dis aux ennemis que je n'ai pas mérités, je le dis pour leur faire plaisir, c'est en vain que j'ai défendu, que je défends encore, et toujours de bonne foi, les diverses parties de ma conduite publique ; c'est en vain que mes souvenirs me retracent le zèle et l'esprit pur dont je fus animé : il me suffit d'avoir été placé, par la fortune, au milieu des antécédens de tant de fureurs et de tant de crimes, pour être à jamais malheureux. Je me reproche en ce moment jusques aux sentimens d'espérance que je partageois avec toute la France, à la première aurore des Etats-Généraux ; et comblant par mes regrets la distance de cette époque au tems présent, les difficultés de la prévoyance s'ef-

cacent insensiblement à mes yeux ', et il
m'arrive de me demander compte de toutes
les pensées que je n'ai pas eues, de tous les
présages qui m'ont échappé. O foiblese de
l'homme ! vain dans ses entreprises, et plus
vain encore dans ses prétentions ; il vit un
instant, et il croit que tous les tems lui appartiennent : il passe sur la Terre avec la
rapidité de l'éclair, ne sachant avec certitude ni d'où il vient, ni où il va, et il
imagine que toutes les combinaisons, tous
les calculs, sont du domaine de son esprit.
Cependant, au sein même de notre prudence et dans les momens d'orgueil qu'elle
nous inspire, un seul obstacle nous arrête
et vient déjouer notre altière espérance. Ah !
ne le voyons nous pas, une destinée inconnue roule tous les grands événemens sur
nos têtes ; elle nous y donne la part qu'il
lui plaît ; et dans sa marche à pas de géant,
elle brise ces légères trames avec lesquelles
nous essayons de maîtriser et le sort des
Empires et notre propre fortune. Vivons
donc d'indulgence : c'est là notre devoir,
c'est là notre sagesse. Un seul sillon nous
est tracé d'une manière évidente, et la lumière du Ciel semble l'éclairer ; c'est la morale et ses saintes leçons : marchons - y, sui-
vons-le, ne le quittons jamais ; aimons dans
cette voie nos compagnons de route, et ne
soumettons pas les mouvemens de notre cœur
aux agitations de notre esprit. Ab ! si l'on
se hait, si l'on doit se haïr pour des diffé-

rences d'opinions , quels sentimens réserve-
ra-t-on aux hommes volontairement injustes ,
aux oppresseurs , aux tyrans , et à tous ces
hommes de sang qui se disent de notre race ?

Ces dernières paroles, comme le son d'une
cloche funèbre , me rappellent à la continuation de mon sujet. Ah ! puissai-je avoir la
force et le courage nécessaires pour le suivre
et pour le franchir.

SECTION IV.

*Commencemens de l'Assemblée Législative.
Mouvemens populaires , et première ir-
ruption dans le palais du Roi le 20
Juin 1792.*

AVANT de porter nos regards sur l'Assemblée qui succéda , sous le nom de *Législative* , à l'Assemblée Constituante , arrêtons un moment notre attention sur la
retraite des premiers Législateurs de la
France. On la desiroit cette retraite avec
une impatience presque générale ; et dans
le même tems néanmoins on applaudissoit
à leur travaux et l'on en célébroit la beauté.
L'enthousiasme pour l'œuvre et l'indifférence
pour l'Ouvrier présentoient un singulier contraste, et l'un et l'autre de ces sentimens
ont fait tort à la chose publique. On ne
pouvoit , sans une ignorance profonde de

l'ordre politique, encenser une Constitution pénétrée en tout sens des vices les plus corruptifs ; et pourtant les hommes qui en avoient été les compositeurs, étoient seuls en état d'y apporter des modifications salutaires. Ils avoient épuisé les faveurs de la popularité, et ils auroient alors jeté quelques regards vers un triomphe plus durable, vers ce genre de gloire dont une sagesse de combinaison, un mérite réel, pouvoient seuls les rendre certains. Ils s'étoient prononcés d'une manière solemnelle en faveur de l'établissement d'une Monarchie tempérée ; ils n'étoient plus libres de s'écarter d'une idée aussi principale ; et l'expérience, qui déjà leur donnoit de fortes leçons, n'eût pas tardé à les convaincre de la nécessité où ils étoient de prêter de l'appui, de donner plus d'action à l'Autorité Exécutive ; et pour y parvenir autant qu'on le pouvoit encore, ils auroient fait plier vers ce but la partie mobile ou flexible de leur Législation Constitutionnelle. Mais tous les moyens d'instruction et de repentir leur furent enlevés, lorsque le mouvement public les contraignit à terminer leur règne. On envioit leurs places, et de toutes parts on aspiroit à briller sur cette scène où si long-tems on les avoit vus paroître. L'idée de rester maître et Législateur, de sa propre Autorité, et au nom supposé de la volonté générale, cette idée audacieuse n'étoit pas encore venue ; et quand l'Assemblée Constituante en auroit

E 3

conçu le projet, elle n'auroit pu l'exécuter.
Elle n'étoit pas favorisée, comme ses successeurs, par une guerre au-dehors et au-dedans, et par l'état de crise inséparable d'une
Révolution pleine et entière dans le Gouvernement et les Loix du Royaume. D'ailleurs,
et c'est une justice à rendre aux Députés de
l'Assemblée Constituante, leur caractère
ne se fût point prêté aux actes de violence
absolument nécessaires, pour exercer sur
tout un Peuple un despotisme sans bornes
et pour perpétuer cette usurpation. Ils allèrent trop loin ; ils touchèrent aux extrêmes dans leur élan contre l'Autorité Royale ;
mais ils eussent frémi de tout ce qui s'est
fait après eux, et le Lionceau Robespierre,
quoique mêlé dans leurs rangs, et dont les
griffes commençoient à paroître, n'eût jamais osé manifester ouvertement ses vœux
féroces, et son inclination sanguinaire. L'Assemblée Constituante, coupable de tant
d'erreurs, devenues si dangereuses, eut même un beau moment de génie et de caractère, et que j'aime à relever, après avoir
si souvent critiqué sa conduite ; ce fut à l'é-
poque du retour du Roi de Varennes. On
la vit alors résister avec courage à une faction, qui voulut abuser de la situation du
Monarque et du mouvement public, pour
mettre en jugement ce Prince malheureux
et pour renverser en même tems le Trône
et la Royauté. Les hommes les plus remar-
qués jusques-là dans le Parti populaire se

signalèrent en cette occasion, et ils réunirent dans leurs discours, dignes d'être relus,
des sentimens généreux, à de grandes
vues.

Cependant cette même Assemblée, dans
le long cours de son Autorité, avoit tellement molesté, tellement offensé et la Noblesse et la Cour et les Princes et les Magistrats et le Clergé et tous les grands
Propriétaires, qu'aucune classe de l'ordre
social ne desiroit la prolongation de son
Autorité ; et ceux-là même qui ont le plus
souffert des violences de ses Successeurs,
formoient alors des vœux pour son éloignement. Ils disoient d'elle à tout hasard : j'aime
mieux l'autre, j'aime mieux l'inconnue ; tant
l'espérance avec facilité s'attache à tous
les changemens. Mais ils ne tardèrent pas à
voir qu'ils s'étoient trompés dans leur attente, et ils regrettèrent alors que les Députés Constituans, dans un moment d'irré-
flexion, se fussent interdits à eux-mêmes
la faculté de représenter le Peuple François à la seconde Assemblée Législative.

Ils avoient laissé en mourant un Manus-
crit curieux, plutôt qu'un Code politique
propre à servir de base durable à un Gouvernement régulier : cependant la première
Séance tenue par l'Assemblée Législative,
dut persuader aux nombreux assistans que
les héritiers et les testateurs auroient un
même esprit ; et cette séance, comparée
à la conduite immédiate des nouveaux venus,

mérite de trouver place dans l'Histoire morale de la Révolution.

Jamais recueil de loix ne fut reçu avec
plus de pompe ; jamais inauguration ne fut
plus solemnelle. On eût dit qu'aucun honneur
assez éclatant ne pouvoit être rendu et à
la Constitution et à ses Auteurs. Soixante
vieillards , accompagnés de l'Archiviste,
avoient été chercher le Livre de la Constitution ; et toute l'Assemblée, dans un parfait silence et dans un profond recueille-
ment , attend respectueusement leur retour.
Ils reviennent , ils s'avancent à pas lents......
Mais ici le Procès-verbal de l'Assemblée,
tel qu'il se trouve dans le Journal des Débats et des Décrets , mérite d'être copié littéralement.

« Un Huissier a crié : Messieurs ! j'an-
» nonce à l'Assemblée Nationale l'Acte
» Constitutionnel. Tous les Membres se sont
» levés, et un profond silence a régné
» dans toute la salle. Messieurs les Com-
» missaires sont entrés précédés des Huis-
» siers, et accompagnés d'un détachement
» des Gendarmes Nationaux portant les
» armes hautes. Ils se sont avancés vers le
» Bureau, et l'Archiviste, portant respec-
» tueusement l'Acte Constitutionnel, est allé
» vers la tribune. La salle a retenti d'ap-
» plaudissemens partis de tous les côtés de
» la salle et des tribunes. Alors un Vieillard,
» s'adressant à l'Assemblée et à tous les
» Citoyens, a dit :

« Peuple François, Citoyens et Citoyen-
» nes de Paris, vous tous qui avez tant fait
» pour la Révolution, voilà le dépôt sacré
» de notre Constitution, le gage de la paix
» qui va réunir tous les François....

» M. le Président est monté à la tribune ;
» il a prêté le serment. On a procédé à
» l'appel nominal ; tous les Membres pré-
» sens se sont présentés, et chacun tenant
» la main droite sur l'Acte Constitutionnel,
» a prononcé individuellement le serment.

» Après que cette cérémonie a été faite,
» M. le Président a demandé que les Com-
» missaires reconduisissent l'Acte Constitu-
» tionnel ; l'Assemblée s'est levée aussi-tôt.
» L'Archiviste est descendu de la tribune ;
» il s'est placé au milieu des Commissaires
» qui l'ont reconduit. Leur marche a été
» accompagnée d'applaudissemens géné-
» raux. »

Voilà les égards rendus, voilà les pro-
messes faites à cette Constitution dont on
a perdu le souvenir en si peu de tems. Il
restoit à décerner un tribut de reconnoissance et d'admiration aux Compositeurs de
cet immortel et mourant ouvrage, et ce tribut, changé si promptement en sarcasmes
et en railleries, est devenu sous un pareil
rapport une particularité curieuse.

» M. Cerutti a obtenu la parole, et a
» parlé à-peu-près en ces termes :

» Quatre cent quatre-vingt-douze Dépu-
» tés *ont appuyé leurs mains sur l'Evan-*

» gile de la Constitution , et ont juré de
» la maintenir jusqu'à leur dernier soupir.
» Après lui avoir rendu cet hommage, il
» seroit sans-doute convenable d'offrir un
» sentiment bien juste au Corps Constituant
» dont nous tenons cet *immortel* Ouvrage.
» Rien n'est plus commun que de jouir
» avec une ingratitude superbe des travaux
» publics : on craint de paroître idolâtre ou
» esclave en adressant des hommages à leurs
» Auteurs ; mais quand ils ne sont plus en
» place, il est beau de leur témoigner la
» reconnoissance qu'inspirent leurs travaux
» passés. (*On a vivement applaudi.*)
» Le premier jour où cette Assemblée
» a pris séance, j'ai vu que le Peuple por-
» toit des regards remplis de vénération sur
» ses premiers Législateurs, et des regards
» d'espérance sur ses Législateurs nou-
» veaux.
» Ce partage de sentimens est le mouve-
» ment général de la Nation Françoise.
» Nous devons donc céder au penchant
» National, et voter des remerciemens à
» l'Assemblée Nationale Constituante, qui,
» avant nous, a sauvé, régénéré l'Empire
» François. . . .
» Trois années de travaux ont détruit
» quatorze siècles d'abus, et ont préparé
» des siècles de bonheur. *A mesure que ces*
» *siècles vont se projeter sur la Constitu-*
» *tion Françoise,* combien les noms de ces
» Auteurs vont s'agrandir ! Précédons la

» justice des tems. Je vous propose, Mes-
» sieurs, de voter des remerciemens à l'As-
» semblée Nationale Constituante qui nous
» a précédés. »

» M. Cerutti a lu un projet de Décret,
» qui a reçu les mêmes applaudissemens
» qui avoient fréquemment interrompu son
» Discours.

» Je propose un amendement, a dit M.
» Chabot. Nous devons exprimer, sans-
» doute, notre reconnoissance aux Légis-
» lateurs François à qui nous devons la
» Constitution ; mais il n'est peut-être pas
» sage pour cette Assemblée de dire que la
» Constitution est la plus parfaite possible....
» De très-grands murmures ont empêché
» M. Chabot de continuer. La proposition de
» M. Cerutti a été décrétée à l'unanimité
» et aux applaudissemens de tous.

» L'Assemblée Nationale Législative, suc-
» cédant à l'Assemblée Nationale Consti-
» tuante, et considérant que *le plus grand*
» *bienfait possible* étoit une Constitution
» telle que la nôtre, a décrété des remer-
» ciemens à tous les bons Citoyens qui ont
» concouru et contribué, dans l'Assemblée
» Nationale, à la confection et l'achève-
» ment de la Constitution Françoise.

» L'Assemblée Nationale Législative s'em-
» presse, dans le même tems, de rendre
» un solemnel hommage aux grands exem-
» ples de magnanimité qui ont éclaté dans
» le cours de l'Assemblée Nationale Cons-

» tituante, et qui resteront imprimés *éter-*
» *nellement* dans la mémoire du Peuple
» François.

» Un membre a rendu compte de la re-
» mise qui a été faite aux archives du dépôt
» sacré de la Constitution. Ce dépôt, a-t-il
» ajouté, est en sûreté ; d'ailleurs quand
» il se perdroit, il se retrouveroit dans le
» cœur de tous les François : il est dans
» vos cœurs ; et *le serment unanime* que
» vous venez de prêter est *une preuve* de
» votre fidélité à le garder. »

C'est tout faire que de rappeler aujour-
d'hui les propres paroles du Procès-verbal ;
elles n'ont besoin d'aucun commentaire. Ces
trois années de travaux qui ont préparé des
siècles de bonheur ; ces mêmes siècles *qui*
vont se projeter sur la Constitution ; la ti-
midité du hardi Chabot (1) lorsqu'il met
humblement en doute si l'on doit dire de
cette Constitution qu'elle est *la plus par-*
faite possible ; l'improbation qui l'empêche
de continuer ; les murmures qui font justice
d'une incertitude profane ; tout cela pourtant rappelle le bon tems de l'Assemblée
Législative , ces premiers jours où elle
n'étoit que ridicule. Comme elle a dû changer pour arriver par degrés jusques au 10
Août ! Elle ne tarda pas à regretter d'a-
voir accepté l'hoirie politique de l'Assem-

____

(1) C'étoit un Ex-capucin d'une rare impu-
dence.

blée Constituante ; et se hâtant d'y renoncer , elle protesta publiquement contre
la haute estimation qu'elle y avoit d'abord
donnée.

Aucun des premiers Législateurs n'ayant
pu rester dans la seconde Assemblé Natio-
tionale , celle-ci fut entièrement composée
d'hommes nouveaux , et nouveaux en toutes
choses , en amour-propre , en prétentions ,
en desir de paroître et de faire effet ; et en
France la vanité , sur-tout dans son aurore ,
est un guide qui chasse tous les autres. Ces
Législateurs , sans se le dire , regardèrent
de quel côté leur viendroient le plutôt des
louanges et des applaudissemens ; et ils exa-
minèrent en même-tems dans quel sens ils
devoient agir et parler pour recueillir une
moisson si précieuse. On doit avouer , qu'a-
vec un tel esprit il ne pouvoit leur convenir de travailler en réparation, et de s'as-
treindre à perfectionner ou à faire mouvoir sagement une organisation politique ,
l'ouvrage de leurs devanciers ; une organisation dont le succès se rapporteroit toujours
au génie des premiers inventeurs. Les plus
clairvoyans , parmi les nouveaux Législateurs , apperçurent aussi que l'affermissement de l'ordre , ce but essentiel de l'union
sociale , étoit cependant une entreprise
lente , et dont le succès , dans un règne de
deux ans , ne mettroit personne en réputation, ne donneroit de l'éclat à aucun nom,

Ce sentiment, plus ou moins confus, plus ou moins général, disposa d'abord les Membres de cette Assemblée à imiter leurs Prédécesseurs dans le langage qui leur avoit valu constamment les acclamations des tribunes; et sans examiner si la Majesté Royale n'avoit pas été déjà dégradée hors de prudence et de mesure, ils débutèrent par une nouvelle insulte à la dignité du Trône, et ils crurent se relever en adoptant, dans leurs relations avec le Monarque, un nouveau protocole et une nouvelle étiquette. Le président, en écrivant au Roi, ne mit plus le mot de *Sire* en vedette; l'expression de Majesté fut abolie, et une députation de retour du Louvre se panada, dans son rapport à l'Assemblée, de la circonspection avec laquelle son Orateur avoit attendu l'inclination du Monarque pour décider la sienne. Tels furent les illustres commencemens du Corps Législatif de la France. L'on n'y verroit que les misères de l'orgueil ou de la vanité, si l'on n'avoit pas à remarquer dans ce système l'exagération de la plus grande erreur politique dont l'Assemblée Constituante se fût rendue coupable. Elle avoit voulu conserver, au nom du bien de l'Etat, le Gouvernement Monarchique et l'hérédité de la Couronne, et elle ne vit pas que l'appui de ces deux principes, l'accompagnement de ces deux idées, étoit la Majesté du Trône. En effet, par quel motif une Nation trouveroit-elle de la convenance

à l'élévation d'un Chef Suprême, si elle ne
vouloit pas s'aider de la grandeur conven-
tionelle de cet Etre politique , de son éclat
extérieur, de son empire sur l'opinion et sur
l'imagination même, pour établir une Autorité morale propre à faciliter l'action du Gouvernement, propre à maintenir l'ordre public , sans un recours continuel à des actes
de violence et à des moyens tyranniques. Et
par quel autre motif encore cette Nation
consentiroit-elle à faire un grand sacrifice
d'argent pour les dépenses particulières de
la Royauté ? Ce n'est pas la capacité d'un
seul homme que l'on voudroit acheter pour
vingt-cinq millions par année ; c'est encore
moins la capacité d'un seul homme avec
tous les hasards qui résultent de la trans-
mission du Pouvoir Royal par le droit de
naissance. L'hérédité , ou , pour m'exprimer encore plus exactement, la continuité,
véritablement utile à l'Etat , c'est la succession perpétuelle d'un même respect pour la
Dignité Royale et pour l'Autorité dont cette
Dignité devient la sauve-garde. Que penser
donc , en appréciant ces réflexions , d'une
Législation , d'un système politique où , après
avoir consacré la Royauté , après l'avoir
mise à très-haut prix , on s'appliqueroit à la
dégrader dans l'opinion ? On détruiroit alors
d'une main ce qu'on édifieroit de l'autre ,
et nulle contrariété ne seroit plus bizarre.
Ainsi avoit-elle de l'esprit cette seconde
Assemblée Nationale, qui, sans vouloir en-

core la République, et en faisant profession
de respect pour la Constitution Monarchique dont elle avoit été rendue gardienne,
s'amusoit à déchirer tous les ornemens
Royaux ?

Ils en savoient davantage ceux dont il est
tems de parler, et qui se proposèrent, dans
leur conciliabule, de travailler chaque jour,
ou dans un sens, ou dans un autre, ou par
eux ou par leurs affiliés, à la propagation
des principes démocratiques. Ils virent, je
n'en doute point, qu'en dépouillant le Roi
par degrés de son éclat et de sa majesté,
et en ne lui laissant pour soutien que son
titre et les formes de l'Autorité, il ne seroit
plus nécessaire à l'action du Pouvoir Exécutif, et qu'on ne tarderoit pas alors à mettre
en débat deux questions également dangereuses pour la Royauté ; l'une, si l'intervention d'un Prince sans Pouvoir et sans
considération valoit la dépense du Trône ;
l'autre, si un Gouvernement Monarchique
où le Roi n'étoit rien, ne ressembloit pas à
une République, avec cette seule différence
qu'elle avoit à sa tête un Chef mécontent
de sa part, et dès-lors l'ennemi naturel de
cette Constitution populaire ? La marche de
ces idées paroîtra si simple à des regards
attentifs, que l'on reprochera sans cesse à
l'Assemblée Constituante d'avoir avancé,
contre sa propre volonté, la destruction du
Gouvernement Monarchique ; de l'avoir avancée, en refusant au Chef Suprême de l'Etat

es prérogatives qui pouvoient entretenir le désir de lui plaire ; de l'avoir avancée, en éloignant du Roi le cortège de sa grandeur ; de l'avoir avancée, en laissant son Trône comme isolé au milieu de l'applanissement absolu de toutes les conditions et de tous les rangs. Elle vit toujours le Monarque environné de son ancienne Autorité ; et emportée par un premier mouvement, elle frappa le Pouvoir nécessaire, avec le même zèle qu'elle avoit abattu le Pouvoir superflu. Les galeries applaudissoient toujours ; et en effet, ce n'étoit pas à elles qu'il appartenoit d'appercevoir promptement si les Législateurs dépassoient ou non les limites marquées par la sagesse. Elles s'étonnèrent pourtant lorsque l'Assemblée Législative voulut, par un déplacement de fauteuils, indiquer la supériorité du Présisident sur le Monarque ; et le Décret de familiarité rendu sur ce sujet fut annullé, par obéissance à un mouvement général d'improbation. Chose remarquable ! le Public avoit vu tranquillement la dégradation successive de la Majesté Royale, tant que cette dégradation avoit été le résultat d'une suite de dispositions politiques ; mais lorsque son jugement fut déterminé par un objet sensible ; lorsqu'un arrangement matériel et visible servit à fixer ses idées, il crut appercevoir pour la première fois une grande nouveauté, et son mécontentement se prononça. Et puis, soyez Ministres ou Législateurs , pour obtenir dans l'opinion une récompense prochaine. Faites des loix ou des systêmes , pour des éloges du moment. C'est l'illusion des illusions , c'est le véritable moyen de s'égarer et de nuire au bien public.

L'ESPÈCE de clameur qui s'éleva à l'occasion du Décret que je viens de rappeler, fut peut-être le dernier signe éclatant de l'attachement du Peuple pour la Majesté Royale. Bientôt on le travailla de main de maître ; et après avoir nourri son esprit de défiances, on le disposa à toutes les hardiesses auxquelles on auroit le dessein de recourir. Le Roi dénué de moyens d'ascendant , de moyens d'autorité , ne songeoit qu'à se tenir en défensive et à garder la ligne de la Constitution , espérant à ce prix obtenir l'assistance des amis de l'ordre et de la paix.

La grande partie de l'Assemblée Législative se trouvoit composée d'hommes de ce genre , mais leur caractère tempéré ne promettoit qu'un foible soutien dans les tems de crise. La minorité savoit bien ce qu'elle pouvoit faire avec l'appui des Jacobins, avec le secours d'un Maire de Paris à sa dévotion , et à l'aide des clameurs et des attroupemens de la populace. Les Chefs de cette minorité où l'on distinguoit des hommes osés et d'un grand talent oratoire, projetèrent de bonne heure la destruction de la Royauté. C'étoit le seul pas en avant dont l'Assemblée Constituante leur avoit laissé la faculté, tant elle avoit serré près de la Démocratie sa prétendue institution Monarchique ; et elle avoit tellement dénué le Roi de toute espèce de prérogatives, qu'aucun pillage éclatant n'étoit resté possible. Mais par cette raison aussi on n'avoit plus le moyen de remuer le Peuple avec les mots d'esclavage et de tyrannie. Il falloit donc, pour l'intéresser à une nouvelle révolution, défigurer le Prince à ses yeux ; il falloit lui cacher le bon, le paisible Louis XVI, n'aspirant qu'au repos et à faire le bien sans trouble et sans combat, et présenter en place un Roi dévoré de regrets et cherchant jour et nuit à regagner son ancien Pouvoir.

Ces sentimens étoient si vraisemblables en règle générale, qu'avec peu de soin et peu d'habileté, on pouvoit en composer un article de foi pour la multitude. Les circonstances d'ailleurs favorisoient tous les genres de soupçon. Les Princes frères du Roi n'étoient point restés en France. Beaucoup de Gentilshommes se rendirent auprès d'eux avec le dessein de partager leur fortune ; et leur nombre toujours croissant, forma ces rassemblemens sur la rive du Rhin, dont les vues et les préparatifs hostiles jetèrent un premier ferment d'animosité au milieu de l'Assemblée Législative. Elle avoit ouvert ses séances au commencement d'Octobre 1791, et dès les premiers jours de Novembre elle rendit un Décret qui séquestroit les biens des Princes François, et qui condamnoit à la mort les Emigrés rassemblés au-delà des frontières s'ils n'étoient pas rentrés avant le premier Janvier.

Le Roi, selon le droit que la Constitution lui avoit attribué, refusa de sanctionner immédiatement ce Décret. Il vouloit essayer auparavant d'un moyen plus doux pour rappeler auprès de lui les Princes et la Noblesse émigrée, et il rendit sa démarche publique par une Proclamation très-forte et très-persuasive. Mais sans examiner ses intentions, sans approfondir ses vues, on présenta le délai qu'il apportoit à la sanction d'un Décret rigoureux comme une preuve authentique d'une partiale indulgence.

Cependant à l'aspect de la conduite du Roi et de la conduite de l'Assemblée, tout homme attentif auroit jugé, que le Roi vouloit réussir et que l'Assemblée ne le vouloit pas. Supposons en effet que les Promoteurs du Décret eussent eu véritablement l'intention de décider les Princes et les Gentilshommes émigrés à rentrer en France, ils n'auroient eu garde d'ouvrir une première relation avec eux, de consacrer une première démarche, par une menace sèche et impérieuse. Ils devoient avoir appris, en lisant l'Histoire, qu'il est une sorte de hauteur ou d'élévation de caractère dont l'engagement se prend par le rang et par la naissance, et qu'il étoit impossible aux Princes de céter, sous les regards de l'Europe, à deux lignes pénales, où le dédain de tout égard envers eux étoit si manifestement exprimé.

Quelle marche auroient suivi, dans l'Assemblée Nationale, des hommes véritablement amis de la paix intérieure et sérieusement occupés du rapprochement des différens partis? Ils auroient commencé par inviter, avec douceur et même avec onction, les Princes et la Noblesse émigrée à revenir au sein de leur Patrie. Et comme il étoit connu, parfaitement connu, que la plupart des Gentilshommes sortis de France avoient été contraints à cette mesure, pour s'affranchir d'insultes, et pour échapper aux violences personnelles dont l'incendie de leurs châteaux, le pillage de leurs propriétés et tant d'autres excès étoient devenus les avant-coureurs, on devoit, en songeant à eux au nom de la Nation, ne pas tenir à dessein dans l'oubli l'oppression qu'ils avoient éprouvée. On devoit, avant d'imputer à crime capital leur séjour hors de France, assurer au-dedans leur sécurité; et avant de les irriter par une condamnation injurieuse, il falloit employer le langage de la persuasion, et sur-tout adopter des mesures propres à captiver leur confiance. Voilà, je n'en doute point, l'avis qu'auroient ouvert les Chefs du Parti Républicain, si véritablement ils avoient eu le desir d'atteindre au but figuré par le Décret; mais un rassemblement d'Émigrés servoit toutes leurs vues, puisque ce rassemblement tenoit le Peuple en alarme, et qu'il offroit un sujet inépuisable de reproches contre le Prince et contre ses Ministres.

Examinez maintenant la conduite de Louis XVI dans cette occasion. N'est-il pas évident, que, s'il eût formé des vœux secrets pour le maintien des rassemblemens sur le Rhin, il auroit sanctionné sans aucun délai le Décret fulminant de l'Assemblée? Rien n'eût marqué davantage ses craintes ou n'eût mieux annoncé sa nullité dans la Constitution; et les Emigrés, sans espoir d'aucune protection de sa part, auroient été d'autant plus décidés à suivre leur fortune auprès des Princes. Enfin, toujours en supposant au Roi l'intention dont ses persécuteurs l'accusoient, pourquoi auroit-il cherché à tempérer l'irritation qu'une condamnation précipitée devoit nécessairement produire? Et pourquoi auroit-il songé à ouvrir à la fierté des Princes une retraite honorable? Pourquoi leur auroit-il ménagé la faculté d'attribuer leur marche rétrograde aux instances du Monarque? Le Roi n'affoiblissoit point l'impression que devoit produire sur eux et sur les émigrés le Décret de l'Assemblée, car il ne pouvoit en anéantir l'effet par un simple retard de sanction. Cette idée est indiquée dans ses lettres aux Princes et dans sa Proclamation. On y voit distinctement les motifs purs et vraiment estimables dont le Monarque étoit animé; et quand on pense,

que, pour remplir un but honnête, il se
compromettoit, il prêtoit des armes à ses
ennemis; quand on pense que ce Prince auroit dérangé leurs vues hostiles, en accor-
dant sans retard une sanction dont le délai
lui fut si perfidement reproché, on ne peut
s'empêcher d'honorer le principe d'une conduite manifestement contraire à toute espèce
de politique personnelle.

Je viens de m'arrêter, avec trop de détail peut-être, sur une circonstance dont le
souvenir se perdra dans les grands événemens de l'Histoire; mais elle a fixé mon
intérêt, comme un des meilleurs témoignages des premières intentions de Louis XVI;
comme une preuve évidente de sa résistance
aux projets qui décidèrent le rassemblement
des Émigrés à Coblentz.

Il remercioit alors la ville de Francfort
du refus qu'elle avoit fait de vendre aux
Émigrés des armes et des munitions. Et
combien d'autres démarches n'auroit-on pas
à citer toutes dans une même intention.
Mais ces paroles du Testament de Louis:
Je pardonne aux personnes *qui par un zèle
inconsidéré m'ont fait beaucoup de mal;*
ces paroles remarquables, quel sens n'ont-
elles pas ? Je me garderai bien cependant
de le fixer avec assurance; mais on ne peut
contester que l'idée première du système
d'émigration, que les moyens employés pour
sa réussite, et les projets plus ou moins
vagues auxquels elle parut unie, n'aient fait

au Roi *beaucoup de mal.* Et quelle différence, peut-être, si tant d'hommes attachés
au Monarque et à la Monarchie étoient
restés en France ; si tant d'Officiers remplis
du même esprit n'avoient pas quitté les armées ? Mais à ce reproche, alors si général de la part des amis de la France et de
son Roi, il est une réponse victorieuse et
ce sont les crimes de la Révolution qui la
fournissent. Le farouche Robespierre et ses
abominables complices auroient-ils épargné
les plus ardens zélateurs de la Royauté, eux
qui ont choisi leurs victimes parmi les hommes les plus modérés, parmi les premiers
défenseurs des principes libéraux dont on a
tant abusé. Qu'opposer à un pareil argu-
ment ? Dira-t-on que les préparatifs hostiles
des Princes et des Emigrés ont déterminé
le cours de la Révolution ? Qui peut l'assurer ? Qui peut en répondre ?

U N parti qui devenoit chaque jour plus
puissant ne cessa, pendant le cours de l'Assemblée Législative, de chercher au Roi des
torts, et tout lui servoit de prétexte pour
perdre ce Prince dans l'opinion.

Les Cabinets de l'Europe s'alarmoient des
principes François ; ils se réunissoient pour
surveiller leur explosion ; et la Cour de
Vienne paroissant favoriser tacitement les rassemblemens sur le Rhin, on devoit chercher
à connoître ses intentions ; on devoit chercher à prévenir une rupture avec un ancien
allié

lilié , et le Ministère de France y donna
tous ses soins. Mais une négociation de ce
genre offroit, par sa nature, et pour ainsi
dire, à choix et à volonté, tous les sujets
de censure. C'étoit tantôt le langage du
Gouvernement qui n'étoit pas assez digne,
qui n'étoit pas assez prononcé ; et quelquefois sa marche, ou n'étoit pas assez prudente, ou n'étoit pas assez accélérée. On
ne cachoit rien au Comité Diplomatique
formé dans le sein même du Corps Législatif ; on obéissoit à ses directions, et le
Gouvernement ne restoit pas moins comptable de l'issue des négociations. L'Assemblée Nationale rappeloit, dans ses relations
avec le Ministre des affaires Étrangères, la
fable du Loup et de l'Agneau. La dénon-
ciation du malicieux Brissot contre M. de
Lessart prouveroit à elle seule la justesse
parfaite de cette analogie ; et le Décret
d'accusation lancé contre ce Ministre, contre cet infortuné, massacré depuis avec tous
les prisonniers d'Orléans, est un témoignage,
entre tant d'autres, du degré d'injustice auquel une grande Assemblée peut aveuglément se porter quand elle est tyrannisée par
la peur.

Il est remarquable que, dans le cours des
négociations avec l'Empereur, le Roi fut
d'abord accusé d'avoir suivi trop long-tems
un système d'égards et de ménagemens
envers ce Prince ; et lorsque, forcé par le
vœu de l'Assemblée Nationale, par le mou-

vement public, par l'avis unanime de son Conseil, de demander à la Cour de Vienne une réponse décisive, les mêmes gens qui accueillirent cette réponse d'un cri de guerre, entreprirent au premier revers de faire oublier leur conduite, et en peu de tems le Peuple crut, sur leur parole, que Louis XVI, dirigé par des vues personnelles, avoit mis l'Europe en feu. Que peut faire un malheureux Prince, laissé sans amis, sans cliens, sans armée, au milieu d'un tems de factions ? Il est seul; il n'a qu'une voix; et gêné dans toutes les controverses par sa propre dignité, le plus hardi parleur, le plus vil champion dans les écritures polémiques le dépasse en autorité.

On ne peut fixer son attention sur les traverses de Louis XVI pendant le cours de l'Assemblée Législative, pendant les huit à dix mois qui précédèrent sa déchéance, sans ressentir un mouvement d'indignation contre les hommes occupés alors sans-cesse à soulever le Peuple et la Nation contre lui. Tous les moyens étoient admis. On s'allioit les habitans de Paris, les uns avec des fables sur un prétendu Comité Autrichien, les autres avec des exagérations sur les conséquences du *Véto suspensif* dont le Monarque étoit resté dépositaire; et par des dictons, par des expressions de tabagies, on avoit rendu familières à la multitude les idées auxquelles son esprit ne pouvoit atteindre. Le Roi, la Reine ne pouvoient respirer l'air à leur fenêtre sans en être repoussés par des clameurs insultantes, ou par des chansons où la Majesté du Trône étoit offerte en risée à la plus vile populace.

Le Roi, dans une situation presque désespérée, changeoit continuellement de Ministres et il tendoit les bras aux différens partis; il cherchoit par-tout un dernier appui; rien ne lui réussissoit et rien ne pouvoit plus réussir. Enfin il essaya d'appeler dans son Conseil trois hommes attachés à la faction dominante, et il ne craignit point de se montrer de près aux amis et aux alliés de ses plus cruels persécuteurs; mais ils ne furent point touchés de cet abandon; et calculant la chûte prochaine de la Royauté, ils ne cherchèrent, dans leur nouvelle position, que les moyens de se faire valoir auprès des Chefs populaires, dont le règne absolu s'avançoit à grands pas.

L'un d'eux, sans l'aveu, sans la connoissance du Monarque, et pourtant en sa qualité de Ministre de la Guerre, osa proposer à l'Assemblée l'appel et le rassemblement, dans la Cpitale, de vingt mille hommes extraits des Départemens, et dont l'inscription, libre en apparence, auroit été dirigée par tous les Clubs de Jacobins. L'Assemblée accueillit l'ouverture du Ministre et l'autorisa tout de suite par un Décret. Une partie des Députés la crut émanée de l'Autorité Royale; une autre connoissoit son origine, et par ce double motif il n'y eut point d'op-

position. Le Roi refusa sa sanction ; mai[s]
les hommes les plus ardens et les plus dan[-]
gereux arrivèrent également à Paris, et d[e]
ce nombre furent les Marseillois, qui euren[t]
tant de part à la journée du 10 Août.

M. Roland, un autre Ministre entre le[s]
trois auxquels le Monarque avoit eu recou[rs]
dans sa détresse, se distingua de même p[ar]
un acte de perfidie. Il avoit adressé au R[oi]
une lettre, fanfaronne en conseils et rem[-]
plie de reproches durs et injustes ; elle auro[it]
conservé néanmoins, avec une inconsidé[-]
ration parfaite, un dehors de franchise, s[i]
conformément à l'assertion de l'Ecrivai[n]
cette lettre fût restée secrète entre le Mini[s-]
tre et le Roi ; mais lorsque M. Roland, p[eu]
de jours après, en donna communication [à]
l'Assemblée Nationale, la franchise app[a-]
rente reprit son véritable caractère, et o[n]
la jugea ce qu'elle étoit, une trahison ra[f-]
finée.

C'est ainsi que des hommes, appelés p[ar]
leur place et par la confiance du Prince [à]
être ses Défenseurs, ne se servoient de le[ur]
position que pour se parer, un peu mie[ux]
que d'autres, à la manière populaire. M. D[u-]
mouriez, l'un des Ministres passagers [de]
cette époque, le plus en état d'être utile [au]
Roi et qui parut vouloir le servir de fra[nc]
jeu, blâme ce Prince, dans ses Mémoire[s]
de la persistance avec laquelle il refusa s[on]
assentiment au Décret sur le rassembleme[nt]
des vingt mille hommes et au Décret [sur]

les Prêtres, dont je n'ai pas encore parlé ; mais dans la situation où se trouvoit Louis XVI, en butte à tant d'ennemis, assailli de tant de manières, ce n'étoit plus rien qu'un prétexte. Chaque jour on en auroit trouvé de nouveaux, avec les mille et une arguties d'une faction, alors si remplie de parleurs astucieux et de Jésuites populaires.

Le Trône ne pouvoit plus être garanti d'une chûte prochaine. On avoit porté le Peuple à ce degré de fermentation, où d'un dernier signal on l'entraîne à tous les genres d'excès ; mais ses Chefs désiroient que la déchéance du Monarque fût prononcée par l'Assemblée Législative ; ils désiroient qu'une révolution, préparée par des manœuvres iniques et des moyens criminels, parût, à son dernier terme et aux regards de l'Europe, le résultat d'une volonté réfléchie et d'une délibération régulière. Ils vouloient bien intimider l'Assemblée, parce que la peur ne s'enrégistre point, mais ils différoient encore de recourir à des actes éclatans de violence. Ils apperçurent pourtant qu'il le falloit. Un grand nombre de Députés estimables retenoient la majorité de l'Assemblée dans les liens de son serment envers la Constitution, et ils ne se laissoient point abuser par toutes les dénonciations calomnicuses que l'on renouvelloit sans-cesse, et contre Louis XVI et contre les Agens de son Autorité défaillante. Le plus souvent elles étoient anonymes, mais habilement

F 3

entrelacées dans le discours d'un Orateur
membre de l'Assemblée, on étoit forcé de
les entendre. « Ces dénonciations (disoit
» un honnête Député) nous replacent au
» tems des Séjeans et des Tibères, à ce
» tems que vous me rappelez souvent. Je
» vous parle avec franchise, etc. ». *A l'or-*
dre, s'écria-t-on aussi-tôt dans le côté formidable de l'Assemblée, *à l'ordre, à l'Abbaye,*
on veut décourager les bons Citoyens qui
dénoncent.

Un des grands artifices de ce moment-là
étoit de faire répéter dans les lettres et les
adresses des Sociétés populaires, que les
Prêtres insermentés avoient des menées sour-
des, fomentoient la division, couvoient de
grands projets. Et pourquoi tous ces propos vagues, tous ces avis alarmans ? afin
de faire ressortir d'une manière tragique un
refus timoré du malheureux Louis XVI. Il
n'avoit pas voulu donner sa sanction à un
dernier Décret de tyrannie, envers ce grand
nombre d'Ecclésiastiques qui avoient déjà
sacrifié leur état et leurs pensions à la crainte
de faire un serment contraire aux loix religieuses. Ce Décret, rejeté par Louis XVI,
ordonnoit qu'ils fussent arrachés de leur
foyer au moment où vingt personnes, dis-
pensées de faire aucune preuve, les dénon-
ceroient comme suspects, ou au moment que le plus léger trouble s'éléveroit
dans le lieu de leur domicile. Hélas ! la
répugnance d'un cœur sensible pour une

disposition si rigoureuse, n'étoit-elle pas naturelle? On savoit de plus que la résistance du Prince n'avoit pas arrêté l'exécution du Décret, car telle étoit déjà l'indépendance des Autorités secondaires, telle étoit leur indifférence pour la signature et le sceau du Monarque, qu'elles n'attendoient pas ce dernier complément de la Loi pour la reconnoître et pour y obtempérer. Pourquoi donc Louis XVI persistoit-il dans un refus qui n'étoit d'aucune aide aux opprimés? pourquoi cette obstination lorsqu'il avoit déjà donné sa sanction, dans un autre tems, au serment exigé par l'Assemblée Constituante, et lorsqu'après de longs combats il avoit accédé à un Décret pénal de l'Assemblée Législative, à un Décret digne certainement de sa réprobation et qui enlevoit aux Prêtres insermentés leurs pensions alimentaires? Qu'on donne, dira-t-on, une explication de cette contradiction dans la conduite de Louis XVI? Cherchez-la dans notre nature morale, et vous la trouverez. Le repentir sans doute étoit venu fortifier les scrupules du Monarque; il ne voulut pas s'associer à un nouvel acte de rigueur et de barbarie, et l'on verra bientôt qu'il défendit, au milieu d'un grand danger et avec une inébranlable fermeté, le dernier retranchement de sa conscience.

CEPENDANT une scène épouvantable se prépare : on agite, on ameute les dernières classes du Peuple dans les deux principaux faubourgs de Paris ; on leur parle de *Veto*, de Comité Autrichien, d'Aristocrates, de Chevaliers du poignard, de trahison, de mines souterraines ; et il en faut bien moins pour soulever une populace en fermentation, quand aucune Autorité n'est là pour contenir les Orateurs et les Chefs de faction ; or il n'y en avoit point. Les Ministres et le Département avoient excité l'attention et la vigilance de la Municipalité, chargée en ce tems-là de la police de Paris ; elle promit beaucoup, et ne fit rien. Le Maire alors étoit M. Pethion, un Avocat de Chartres, et dont le nom sera peut-être conservé dans les Annales de la Révolution. Nommé, jeune encore, un des Députés de son Bailliage à l'Assemblée Constituante, et destiné par la nature à être un Phraseur populaire, il devint, sous la main de ses amis, un homme de circonstance. On l'avoit envoyé à Varennes avec M. Barnave, et il ne pardonna jamais ni au Roi ni à la Reine de s'être occupés de son collègue plus que de lui. Son concurrent à la Mairie, M. de la Fayette, auroit réuni sûrement la majorité des suffrages, si les sept huitièmes des habitans de Paris, et des meilleurs en intention, n'avoient pas dédaigné d'assister aux Assemblées d'Election. Nonchalantes ou belles manières, avec lesquelles on a tout perdu.

L'armée des Fauxbourgs, qu'aucune Au-

torité ne retient ; et que des Chefs audacieux
animent et conduisent , se met en mouvement et dirige sa marche vers la demeure
du Monarque. C'étoit le 20 Juin , jour de
honte pour une Ville où la famille des Ca-
pets , la race des Rois et des Ducs de
France fut si long - tems honorée. Les premières pierres de leurs Palais avoient été
consumées par le tems ; d'autres leur avoient
été substituées , à celles-ci d'autres encore ;
et leur dernier Descendant habitoit le château
des Tuileries. Il y étoit sans gardes. Les dix-
huit cents hommes que la Constitution lui
avoit accordés venoient d'être licenciés par
un Décret de l'Assemblée. Louis XVI entend
les clameurs et les imprécations d'une troupe
de forcenés , d'une première bande qui veut
enfoncer la porte de ses appartemens ; et au
grand étonnement d'un petit nombre de serviteurs prêts à se sacrifier inutilement pour
en défendre l'entrée , il ordonne que cette
porte soit ouverte , et qu'on n'oppose aucune résistance. Il s'avance en même-tems
au-devant des furieux ; et s'il cède à un
mouvement de prudence , c'est uniquement
pour se placer dans l'embrasure d'une fenêtre , afin de n'être pas renversé par la foule
du Peuple et les flots de brigands qui se pré-
cipitent dans la salle , au moment où la
porte déjà brisée par des coups de hache ,
est ouverte à grands battans par ses ordres.
Un petit nombre d'Officiers de la Garde
Nationale , quelques Domestiques de l'inté-

rieur et deux ou trois vieillards de sa Cour, les jeunes gens n'ayant pas eu la permission de rester, forment à eux seuls une enceinte autour du Prince, et ne peuvent songer qu'à périr avant lui. M. Lajarre, Ministre de la Guerre, voit la grandeur du danger ; et après avoir crié d'une petite porte dérobée : *vingt Grenadiers à moi ! camarades ! sauvez le Roi ; faites-lui un rempart de votre corps*, il parvient à leur faire percer la foule, et les place auprès du Roi. Qu'étoit-ce en opposition d'une multitude innombrable, armée de piques, de haches, de faulx et de coutelas ! Mais les premières cohortes pressées par les secondes, et celles-ci par les troisièmes, ne pouvoient heureusement s'arrêter devant le Roi, et elles n'avoient que le tems de le braver, de s'exhaler en menaces, en gestes et en regards de fureur. Cependant plusieurs autres portes du palais avoient été forcées ; la Reine fuyoit d'appartemens en appartemens avec son fils entre ses bras ; elle vouloit se réunir au Roi, mais les passages étant fermés, elle s'arrêta dans le cabinet du Conseil ; et après avoir placé M. le Dauphin debout sur une table, elle s'assit près de lui, et sans en détourner un moment sa vue, elle laissa passer et circuler autour d'elle une partie de la troupe infernale, de cette troupe étonnée encore de sa propre insolence, et qui sembloit chercher un exemple, un commencement, pour se livrer aux derniers excès. La Reine apperçoit des soldats fidèles qui viennent à elle ; elle leur crie : *François ! Grenadiers ! mes amis, sauvez votre Roi !* Mais c'étoit le Roi lui-même qui les avoit détachés de sa Personne, pour les envoyer à la Reine ; ou plutôt c'étoit Louis qui partageoit sa foible garde avec la compagne de ses périls ; car alors, et dans cette auguste demeure, il n'y avoit plus de Roi, plus de Reine, plus de Dauphin ; mais une épouse, un époux, des enfans, une famille éplorée.

L'incomparable sœur de Louis XVI, plus heureuse que la Reine, avoit pu suivre le Roi au moment où il alloit au-devant des furieux ; et saisissant les pans de son habit, rien n'avoit pu l'en détacher ; elle vouloit se jeter au-devant des assassins, ou n'être séparée que par un moment de la destinée de son frère ; mais le Chef tigre, le seul qui pouvoit insulter à une vie sans tache, le seul qui pouvoit ordonner le plus abominable sacrifice, ce Chef tigre n'étoit pas là, et Madame Elisabeth fut sauvée. Le Ciel, à qui elle appartenoit, avoit marqué le terme de sa carrière ; et avant de quitter une terre souillée de tant de crimes, avant de quitter une terre à laquelle ses vertus la rendoient étrangère, elle devoit être encore la consolatrice d'un frère chéri, et la tendre confidente de ses agitations, de ses peines et de ses derniers regrets.

Elle finit cette longue journée du 20

Juin : la foule se dissipe insensiblement ; et lorsque Louis excédé de fatigue se jette dans un fauteuil, il voit sa famille à ses pieds versant un torrent de larmes, et tous ils crurent s'être retrouvés. Mais l'orage n'avoit fait que s'éloigner. Bientôt il devoit gronder de nouveau, et devenir cette fois l'avant-coureur de la foudre et de ses éclats meurtriers. O Grandeurs humaines ! qui pourra désormais se fier à vous ? qui pourra vous aimer assez, pour ne chercher rien de plus, et pour dédaigner en aucun tems, d'unir à d'autres intérêts, à d'autres espérances, le passage de notre existence et l'apparition de la vie ?

JE jette encore un regard en arrière. Je me place encore un moment au milieu de ce palais investi par des Sauvages. Ah ! ne croyez pas, vous qui connûtes les vertus de Louis XVI, vous qui rendez un culte à sa mémoire, ne croyez pas que je veuille oublier un des plus beaux traits de sa conduite.

Le 18 Juin, et lorsqu'on annonçoit d'une manière vague, mais terrible, le hardi complot tramé dans les Fauxbourgs, le Roi refusa de nouveau d'accorder sa sanction au Décret de persécution contre les Prêtres, et le Ministre de la Justice se rendit à l'Assemblée Législative pour annoncer cette détermination.

Le 20 Juin, lorsque des furieux en armes lui demandèrent cette sanction, il leur répondit que ce *n'étoit ni le moment de la solliciter, ni le moment de l'obtenir.*

Enfin le 22 Juin, et lorsqu'il venoit d'échapper aux dangers les plus éminens, à des dangers encore prêts à se renouveller, il fait connoître, par une Proclamation, sa persistance dans une résolution qui lui est imposée par le devoir ou par le sentiment de sa conscience. *Le Roi*, est-il dit dans cette Proclamation, *le Roi se dévoue à tout ce que pourront faire les furieux*; mais il ne changera pas de principes, et il restera fidèle à ses obligations.

Que l'on blâme cette constance, qu'on en recherche les motifs, qu'on les livre au dédain de la Philosophie. Je demanderai simplement pourquoi nous admirons depuis cinq siècles une action de Louis IX, que tous les Historiens se sont complus à nous transmettre. Prisonnier avec son armée entre les mains des Sarrasins, et impatient de recouvrer sa liberté, impatient de retourner en Europe, il signe un Traité de Paix : on lui demande d'en jurer l'observation ; il est prêt à le faire, et tout semble fini. On lui propose une formule de serment dont les expressions chrétiennes, mais grossières, offensent la délicate piété du Monarque. Il rejette cette formule, et c'est en vain que le Chef des Infidèles le presse et le menace. Le Prince résiste avec plus de peine aux instances de ses propres Officiers, mais

Il résisté encore. On le charge de fers , on
fait avancer des brasiers ardens , et il demeure inébranlable. Tant de fermeté attire
enfin l'hommage et le respect de ses ennemis , et ils cèdent à l'empire d'un grand
courage et d'une grande vertu. C'étoient des
Sarrasins.

Louis XVI par ses mœurs, par son esprit
de justice et par ses sentimens timorés , rappelle souvent à notre mémoire ce Louis IX ,
ce saint Louis, l'un de ses plus illustres
ancêtres.

SECTION V.

Journée du 10 Août 1792.

Captivité du ROI.

Fin de l'Assemblée Législative.

AH ! qu'elle s'avançoit , qu'elle se préci-
pitoit à grands pas cette époque désastreuse
où l'innocence devoit être immolée à la plus
artificieuse, à la plus cruelle politique ! Quel
avoit été le dessein des Chefs de faction en
préparant la journée du 20 Juin ? Ils n'ont
pas divulgué leur secret , mais il est très-
possible qu'ils eussent laissé l'événement au
hasard. Certes, avec la fermentation qu'on
avoit excitée et avec le nombre, avec l'espèce d'hommes qu'on avoit rassemblés , c'é-

toit une assez belle chance pour le crime ,
que de les jeter dans la demeure du Prince
et de leur donner pour centre de réunion
les appartemens du Roi et les appartemens
de la Reine. La plus légère imprudence de
la part de leurs Officiers ou de leurs Domestiques, la moindre querelle , la moindre
provocation, et parmi les bandes armées ,
un signal, un faux bruit, un commencement enfin , auroient inévitablement produit
les plus horribles attentats. Et quels étoient
les calculs de ce Maire , de ce Chef de Police , instruit de tout et ne paroissant dans
le château que trois heures après l'invasion
d'une multitude égarée ? Cette circonstance
et tant d'autres rendoient naturels et vraisemblables tous les genres de soupçons. Une
partie de la Nation parut un moment in-
dignée , et plusieurs Autorités premières
dans les Départemens osèrent s'abandonner à l'expression de leurs sentimens. Mais
le concert étoit trop bien formé , l'u-
nion trop vigoureusement affermie entre les
Dominateurs du Peuple , pour s'attendre à
leur défaite ou à leur découragement. Et
après le 20 Juin ils ne gardèrent aucune
mesure ; preuve marquante ou nouvel in-
dice de la confiance qu'ils avoient mise aux
hasards de cette journée. On ne dissimula
plus le terme auquel on vouloit arriver , et
les délibérations publiques des Jacobins , les
Adresses des Sociétés affiliées, les Pétitions
des Sections , les Pétitions des Fédérés , les

clameurs des carrefours, toutes eurent une même fin ; la déchéance du Monarque.

La majorité de l'Assemblée Législative et les vœux secrets de la masse inerte des bons citoyens ne se réunirent point à l'esprit d'insurrection. C'étoit beaucoup en nombre, rien en action, rien en entraînement. Les amis et les cliens de M. de la Fayette espérèrent un moment que son retour subit à Paris pourroit ranimer un foyer qui s'éteignoit : il se rendit à leur invitation ; mais il apperçut bientôt que sa popularité n'existoit plus, ou qu'elle n'étoit pas de force à résister au nouveau torrent ; ainsi, après quelques tentatives inutiles, et après s'être expliqué d'une manière honorable et courageuse au milieu de l'Assemblée Nationale, il fut contraint de s'éloigner et de retourner à son armée (1).

____

(1) *M. de la Fayette !* Puis - je passer deux fois devant ce nom sans vouer une larme à un infortuné qui gémit dans les fers, depuis si long-tems, et qui a trouvé la persécution là où il cherchoit un refuge ! Il a été le Disciple chéri de l'illustre Washington ; il est le bien aimé d'une femme éminente en vertus, et qui vient de demander, comme une grace, de partager sa prison et de respirer près de lui. N'est-ce pas là, aux regards des hommes de tous les partis, deux témoignages imposans des qualités personnelles de M. de la Fayette ? Ah ! sans doute un Prince magnanime cédera bientôt à son propre sentiment en écoutant la voix de la pitié. Il importe à sa gloire que M. de la Fayette, appelé

CEPENDANT le 10 Août s'approchoit : c'étoit le jour que les Chefs du Parti Républicain avoient choisi , pour recourir ouvertement à la violence , et pour attaquer le Monarque , pour assaillir sa demeure avec plus de succès que le 20 Juin. L'insurrection étoit préparée , les guides nommés , et des hommes ardens et résolus , attirés du midi de la France , devoient , en se joignant au bas Peuple de Paris , accroître son audace et décider sa marche. Tout fut mis en mouvement dès l'aube du jour , et bientôt les places et les rues adjacentes au château des Tuileries se remplirent d'hommes armés et d'un attirail de guerre. On n'a pu savoir jusques où l'on s'étoit proposé d'aller , en environnant de tant de forces le palais du Monarque et en méditant , en préparant une si vaste insurrection. On n'a pu le savoir avec certitude , parce que le Roi , au moment où toute résistance parut inutile , se rendit avec sa famille au sein de l'Assemblée Nationale. Il laissa dans son

---

à tenir un rang dans les Annales du Siècle , ne meure pas son captif ; il importe à sa gloire que la Nation Françoise ne prenne pas l'initiative de la générosité en réclamant un de ses citoyens , en desirant la fin de son malheur. Et M. de Puzy , M. de la Tour-Maubourg , perdus dans leur pays pour être restés fidèles avec M. de la Fayette à la Constitution Monarchique qu'ils avoient jurée , et détenus comme lui dans les prisons d'Olmutz , de quelle faute peuvent-ils être coupables auprès d'un Tribunal étranger ?

Palais sept à huit cent Gardes Suisses , et
cette petite troupe , n'ayant pas reçu assez
promptement l'ordre de se retirer , garda
l'obéissance à sa première consigne , et
défendit le Château , sans s'informer si dans
l'absence du Roi elle étoit encore tenue de
le faire. Ces braves gens se souvenoient que
les leurs , à eux seuls , avoient sauvé de
Meaux Charles IX poursuivi par une armée
formidable, et le 10 Août de même ils ne
calculèrent point leurs forces. Que pou-
voient-ils contre tant d'assaillans ? Victimes
de leur courage pendant le combat , plusieurs , en s'échappant sans armes , furent
encore immolés par un Peuple en furie.

On disoit à ce Peuple , et il le croyoit,
que les mille à douze cents hommes renfermés dans le Château des Tuileries devoient égorger (c'étoit le mot) tous les ha-
tans de Paris. On lui disoit de même , et il
le croyoit, que l'insurrection contre le Château n'avoit été concertée que pour déjouer
ce terrible projet.

Le succès de cette fable passa tellement
l'espérance des Romanciers populaires, qu'on
n'a pas craint de la répéter dans tous les
Papiers du tems. Elle ne pouvoit séduire
aucun homme instruit , aucun homme de
sens , et l'Histoire la rejettera avec tant
d'autres mensonges de même origine. Cependant on a osé en former un chef d'accusation contre Louis XVI; on l'a osé , après
les aveux échappés à plusieurs Députés au

milieu même d'une Assemblée Nationale. Il est vrai que ces aveux ne furent pas tous inscrits dans le récit des séances, mais la tradition en a conservé le souvenir. Ces Députés se glorifioient de la part qu'ils avoient eue aux complots formés le 10 Août pour la destruction du Trône et de la Royauté ; ils se la disputoient même, et divers traits, en dépôt dans le Journal des débats, suffisent encore aujourd'hui pour attester cette vérité. Le 25 Septembre 1792 M. Barbaroux, l'un des Députés de Marseille à la Convention Nationale, disoit en parlant de ses amis et de lui : *Nous étions à Paris avant et après le 10 Août. Le tems viendra où vous saurez quelles conspirations nous y avons tramées pour renverser le Trône de Louis XVI.* Un Député de Paris, présent à cette même séance, donna des détails circonstanciés sur les rapports des Cordeliers avec les Marseillois, relatifs à l'insurrection du 10 Août ; mais ces détails ont été supprimés, et l'on dit simplement dans le Journal : *P*** entre dans le détail de tous les événemens et des préparatifs qui précédèrent la Révolution du 10 Août.*

Le 30 Octobre 1792 M. Barbaroux s'explique plus particulièrement, et l'on voit ces paroles dans le Journal des débats du 1er. Novembre.... *aucun d'eux n'étoit à Charenton, où fut arrêtée la conjuration contre la Cour, qui devoit s'exécuter le 29 Juillet, et qui n'eut lieu que le 10 Août.*

Le 26 Décembre 1792 un Député s'écria: *Je voudrois bien savoir quel est le Membre qui prend à injure d'être appelé Conspirateur de la sainte journée du 10 Août? Et moi aussi je suis un Conspirateur.*

Enfin, après la mort du Roi, le 12 Avril 1793, M. Guadet, célèbre Député de la Gironde, ne craignit point de dire pour faire valoir son parti : *Les mesures qui ont renversé le Trône le 10 Août, c'est nous qui les avons proposées.*

On ne s'est jamais mis en peine de ces aveux ; on ne s'est jamais embarrassé de l'invraisemblance évidente des desseins hostiles dont on vouloit que le Roi parût coupable, et l'on n'a pas été plus gêné en connoissant intimement la fausseté d'une pareille supposition. On est allé en avant avec une intrépide confiance ; et de sottise ou de peur, les Parisiens reçurent alors avec soumission tous les bruits que des vainqueurs impérieux jugèrent à propos de répandre.

L'Assemblée Législative n'osa pas même exprimer le moindre doute sur cette insigne calomnie ; elle n'en eut le courage, ni le 10 Août, ni les jours suivans, ni pendant le reste de son règne. Le sentiment intérieur de la majorité n'étoit pas changé ; mais contrainte, par la violence du mouvement public, à se ranger sans résistance sous les bannières de la Minorité, elle ne voulut pas rejeter le seul prétexte qui pût colorer une évolution si subite. Et qui ne sait avec quelle facilité on admet les torts de l'ami qu'on n'ose plus défendre. C'est ainsi que Louis XVI, assailli dans son Palais, chassé de sa demeure, ne trouva que des accusateurs au milieu de cette Assemblée où il s'étoit réfugié dans sa détresse, et où la veille encore il auroit eu pour sa cause le plus grand nombre des suffrages. Mais le tumulte des armes, le soulèvement d'une multitude égarée, firent trembler tous les Législateurs, et ils furent contens d'être admis encore à décréter ce qu'ils ne pouvoient plus refuser. L'Autorité du Monarque fut brisée ; les fonctions de la Royauté furent suspendues, et Louis XVI, séparé de ses amis et de ses serviteurs, fut confiné dans une prison avec sa malheureuse famille. Suivez-le dans ce séjour, ames sensibles. Voyez-le dans son abandon, au milieu d'un pays dont naguères il étoit le maître et l'idole. Mesurez la grandeur de sa chûte, et pleurez à l'avance les nouveaux malheurs qui l'attendent. Oui, que votre pensée reste auprès de lui, car vous n'avez pas besoin de l'arrêter sur les artisans de sa perte. C'est une obligation pour moi, et je la sens tristement, c'est une des tâches que je me suis imposée, en entreprenant d'écrire sur la Révolution Françoise.

Je dois donc me rapprocher de ces hommes qui triomphoient avec tant d'éclat après la déchéance du Monarque ; je dois les considérer un moment au milieu de leur gloire. Ils avoient délivré la France de l'autorité d'un Tyran ; ils avoient conquis la Liberté ; ils avoient sauvé la Patrie. Tel étoit leur langage, et ils croyoient plus ou moins fermement que les meilleures places au Temple de Mémoire leur étoient à jamais dévolues. Héros trop confians, attendez le jugement de l'Histoire : c'est elle qui décidera si Louis XVI, dont vous avez achevé de renverser le Trône, étoit un Tyran, ou un Prince d'une modération sans pareille. C'est elle qui décidera si vous avez conquis la Liberté, en détruisant une Monarchie tempérée pour y substituer une République assujettie au plus terrible despotisme. C'est elle enfin, c'est l'Histoire qui décidera si vous avez sauvé la Patrie, ou si vous l'avez abreuvée de calamités. Les moyens encore dont vous aurez fait usage pour changer le Gouvernement, et pour atteindre au but que vous vous proposiez, ces moyens que vous ne comptez point, en demandant de la gloire, seront examinés au Tribunal de la Postérité ; et jamais il n'y aura de l'honneur à égarer, à soulever le Peuple par des mensonges et par des Écrits insidieux ; jamais il n'y aura de l'honneur à s'emparer des esprits sans défense, à les pénétrer de soupçons, à les former pour la haine, à les rendre ingrats et cruels. Les propagateurs de la Révolution du 10 Août se croyoient descenaus des anciens Romains ; et pour constater leur affiliation, ils achetèrent tous un buste de Brutus, mais l'opinion publique n'a pas voulu consacrer ce parentage, et déjà le tems couvre de son ombre les noms de nos modernes Conspirateurs.

L'Assemblée Législative, en suspendant l'Autorité Royale, avoit convoqué pour le 20 Septembre une nouvelle Assemblée, qui, sous le nom de Convention Nationale, devoit décider du sort de la France et de son Roi. L'assemblée Législative ne subsista donc que six semaines après la Révolution du 10 Août ; mais dans ce court intervalle elle eut une grande humiliation à supporter, car elle se vit primée par une Autorité inférieure à la sienne dans l'ordre des Pouvoirs. La Municipalité de Paris, composée d'hommes accrédités au Club des Jacobins, au Club des Cordeliers, d'hommes d'un caractère ardent et prononcé et qui avoient acquis un grand empire sur le bas Peuple après la journée du 10 Août, cette Municipalité connut toute sa force, et dédaigna les commandemens de l'Assemblée Nationale. Une Minorité dans cette Assemblée venoit d'y subjuguer la Majorité, et la forcer d'applaudir à la Révolution ; elle fut subjuguée à son tour par la Municipalité de Paris. Elle avoit voulu régner, elle eut son maître ; elle avoit jeté feu et flamme, au nom de la Liberté, contre le Véto suspensif du

(144)

Monarque, contre l'usage que deux fois il
en avoit fait en tremblant, contre l'usage
qu'il en avoit fait par un sentiment de bonté ;
et cette même Minorité, l'Assemblée enfin
toute entière, virent emprisonner, assas-
siner sous leurs yeux une multitude de citoyens, sans opposer aucun obstacle efficace, aux plus horribles attentats. Les
Discoureurs contre le Pouvoir Exécutif du
Monarque, ces Discoureurs, assaillans continuels, mais sans péril, de l'Autorité Royale aux abois, n'osèrent pas seulement
importuner d'une simple question les Députés de la Commune de Paris dans une circonstance où l'intérêt de l'humanité leur
en imposoit le devoir. Rappelons cette particularité si lugubrement mémorable. L'O-
rateur de la Députation Municipale, dans
une harangue prononcée d'un ton de maître
à la barre de l'Assemblée Législative, articula distinctement les paroles suivantes,
conservées dans le Journal de la séance :
*Nous avons fait arrêter les Prêtres pertur-
bateurs, et sous peu de jours le sol de la
liberté sera purgé de leur présence.* L'Assemblée Nationale, l'Assemblée des Législateurs
de la France, entendit ces terribles paroles,
et elle ne se leva point en masse pour en
demander l'explication, et son Président ne
le fit point, et aucun des Membres de cette
Assemblée ne rompirent un si cruel, un si
lâche silence.

Le 31 Août fut le jour de la harangue,
et

et le 2 Septembre tous les Ecclésiastiques enfermés au Couvent des Carmes et à St. Firmin, périrent sous le fer des assassins gagés pour cette infernale exécution. Les victimes furent comptées ; il y en avoit 252, et dans le nombre, un Archevêque d'Arles renommé dès long-tems par la sainteté de sa vie. Le même jour, cet horrible 2 Septembre, tous les prisonniers de l'Abaye St. Germain furent également massacrés. La prison de la Force et plusieurs autres devinrent le théâtre des mêmes fureurs, et les manouvriers employés dans ces exécrables boucheries, allèrent demander leur salaire à l'Hôtel-de-ville ; il fut de douze francs par journée, comme un régistre l'ateste. J'ignore si c'est du vertueux Maire ou d'un autre Officier Municipal que les monstres touchèrent leur solde, et s'ils en donnèrent la quittance de leurs mains encore fumantes de sang, ou le lendemain seulement de leurs abominables travaux. Que faut-il pour aller au-delà des sentimens d'horreur que ces crimes inspirent ? Il faut lire les feuilles périodiques dévouées à la faction dominante, ces feuilles où des Ecrivains, tranquillement et librement infâmes, s'adonnoient à faire ressortir la bonté, la justice d'un tribunal assassin, occupé, dans sa haute indulgence, à mettre à part, à excepter de ses propres fureurs, les femmes et les maris détenus dans les prisons pour des dettes contractées envers les nourrices de leurs enfans.

L'Assemblée Législative, la Minorité elle-même, injuste et barbare envers le Roi, gémissoit cependant des atrocités exercées au nom ou sous la protection de la Commune de Paris. Et comment des Législateurs, parmi lesquels il n'y avoit encore ni des Marat ni des Robespierre, n'auroient-ils pas senti la honte et la honte pour eux de rester sans vengeance les spectateurs des meurtres du 2 Septembre ! Ils ne purent encore empêcher ni punir les massacres des prisonniers d'Orléans à Versailles et les autres fureurs que des Commissaires de la Municipalité de Paris allèrent exoiter de ville en ville, et malheureusement avec tant de succès.

Voici, dit Focquedey, à la séance du 25 Septembre 1792, ce que prêchoient ces Commissaires au Peuple de Douai : *Dressez des échafauds et des potences sur vos remparts, et que celui qui ne sera pas de notre avis y soit attaché.* Enfin, c'est par écrit et dans une lettre signée de plusieurs Officiers Municipaux, qu'ils osent inviter les diverses Communes du Royaume à imiter les massacres du 2 Septembre. Lisez, si vous le pouvez, leurs propres paroles :

« La Commune de Paris se hâte d'informer
» *ses frères* de tous les Départemens qu'une
» partie des conspirateurs féroces, détenus
» dans ses prisons, a été mise à mort par

» le Peuple, actes de justice qui lui ont
» paru indispensables pour retenir, par la
» terreur, les légions de traîtres renfermés
» dans ses murs, au moment où il alloit
» marcher à l'Ennemi ; et sans doute la
» Nation, après la longue suite de trahisons
» qui l'a conduite sur les bords de l'abîme,
» s'empressera d'adopter ce moyen *si utile*
» et si nécessaire ».

C'EST la captivité du Roi, ce sont les
grandes atrocités exercées après cet événement, qui ont signalé le règne éphémère
de l'Assemblée Législative ; car elle ne se
fit remarquer, ni par aucune loi de sagesse,
ni par aucune institution mémorable ; seulement elle donna son coup de pied comme
une autre, aux formes et aux pratiques religieuses, et elle enjoignit aux Ecclésiastiques de prendre l'habit des Laïcs et de
renoncer au costume qui fixoit l'attention
et le respect du Peuple. Enfin, se jetant
à corps perdu sur les Prêtres insermentés,
elle finit par leur commander de sortir de
France dans quinze jours, sous peine d'être
transportés au-delà de la Ligne et sur les
terres brûlantes de la Guyane. On ne fit aucune distinction en faveur des infirmes et des
vieillards, et tous immédiatement durent
quitter leur terre natale ; tous, sans aucun
secours, sans aucune pension alimentaire,
durent aller implorer la commisération des
étrangers. Ils se sont contentés de la plus

étroite assistance ; mais au milieu des Nations
attachées au culte Calviniste , Anglican ,
Luthérien , on ne leur a point demandé de
renoncer aux opinions qu'ils avoient profes-
sées toute leur vie , on n'a point exigé cet
infâme prix de l'hospitalité qui leur étoit
accordée.

L'Assemblée Législative eut beaucoup
moins d'Orateurs que l'Assemblé Constituante. Il ne s'y forma deux partis que par
degrés. Longtems même ils furent en observation , et c'est la guerre et la guerre
ouverte qui crée le langage des passions.
L'opinion publique aussi paroissoit fatiguée,
elle auroit voulu quelque repos , et ses en-
couragemens n'avoient plus la même force
qu'au tems de la première Assemblée Nationale. La suspension de l'Autorité Royale,
cet immense sujet, auroit peut-être électrisé
les esprits et les caractères, s'il avoit été
traité dans l'Assemblée Législative ; mais il
ne fut jamais introduit dans les débats, i
ne fut jamais mis en question que le jour
et l'instant où les clameurs du Peuple et le
bruit du canon le décidèrent. Les uns , dans
l'Assemblée , ne voulurent point à l'avance
attirer les regards de la Nation sur leurs
vues et sur leurs projets, et c'eût été l'effet
inévitable d'une discussion solemnelle. Les
autres craignoient, en provoquant cette discussion, de hâter, de fixer le moment de
l'explosion. Je ne sais ce qu'eût produit,
dans la situation des esprits, la hardiesse

d'un homme de génie et l'entraînement d'une grande éloquence ; car déjà le mouvement de Paris étoit déterminé, et l'on ne pouvoit plus le diriger. Quelle espérance d'ailleurs reste-t-il à un Orateur, lorsque la peur a comprimé, lorsque la peur a fait disparoître les hommes accessibles à des sentimens généreux ; il n'a devant lui que des sauvages, des Êtres indifférens à toute autre parole que le cri de guerre et le chant de mort. Le malheur seul peut les instruire et les ramener aux idées sociales. C'est ce qu'il a fait ; on en conçoit du moins l'espérance. Mais avant de traiter cette question qui tient à l'avenir, arrêtons nos regards sur les funestes progrès de la perversité, après l'expiration de l'Assemblée Législative. Il semble, en y pensant, que la Révolution Françoise ait parcouru dans son rapide cours le cercle entier du Monde moral ; car ayant eu pour point de départ l'état de civilisation dans tous ses raffinemens et dans tous ses abus, ayant ensuite traversé sous l'Assemblée Constituante le pays des chimères et des abstractions, elle est arrivée sous les Tyrans de la Convention Nationale, à l'extrême, au dernier période des idées brutales et des conceptions féroces.

SECTION VI.

Convention Nationale.

Jugement et mort du Roi.

LORSQU'ON s'occupoit en France de l'élection des Députés à la Convention Nationale, tout fléchissoit sous l'empire des Jacobins de Paris et de leurs sociétés affiliées. La grande part que cette secte anarchique et furibonde avoit prise aux événemens du 10 Août, éleva tellement son crédit, que toutes les Autorités recherchèrent son assistance. Elle eut dès l'abord un ton si menaçant dans les Assemblées d'élection, que les hommes modérés, les hommes d'éducation sur-tout, s'en éloignèrent, et de prudence on laissa le champ libre à l'association formidable qui vouloit dominer à tout prix. C'étoit aussi l'époque des massacres du 2 Septembre; c'étoit le moment encore où les Commissaires de la Municipalité de Paris alloient de ville en ville exciter le Peuple aux mêmes fureurs. Quel tems pour la formation d'un Aréopage ! Quel tems pour vouloir et pour trouver des hommes dignes d'exercer les augustes fonctions de Législateurs ! On doit s'étonner qu'un nombre de personnes de mœurs douces et d'un esprit droit, aient pu obtenir lans quelques Départemens la majorité des uffrages. Les sentinelles des Jacobins s'éoient apparemment un instant endormies.

La Convention Nationale se rassembla pour la première fois le 21 Septembre 1792 ; il s'y introduisit bientôt des divisions, et les hommes du caractère le plus ardent, le plus prononcé, le plus féroce, s'étant réunis insensiblement aux gradins les plus élevés, ils formèrent le parti désigné dans les querelles du tems sous le nom de *la Montagne*. Le costume Jacobin en toute sa rigueur, les cheveux droits, sans poudre, collés sur le visage ou rabattus sur le front; les petits hommes comme les grands enfoncés dans un pantalon, la tête seule et les bras en dehors, plusieurs encore les manches retroussées, le collet de la chemise renversé sur les épaules, le sabre traînant, les pistolets attachés çà et là, enfin, et plus que tout peut-être, leurs regards farouches, leurs discours audacieux, leurs expressions de rue et des acclamations par forme de tonnerre, l'ensemble composoit un spectacle effrayant et dont les étrangers étoient épouvantés. C'étoit pis que les Jacques et les compagnons de Caboche.

Ils se disoient les Patriotes par excellence, et par conséquent les meilleurs amis de la France. Juste Ciel ! quels amis ! et peut-on seulement aimer quelque chose, avec tant de dureté dans le cœur, avec tant d'âpreté dans le caractère ? Ils vouloient ce que tout le monde veut, ce que tout le monde cherche, la domination, mais ils la vouloient à tout prix. Ils prononçoient en conjurés le mot d'*Aristocrate*, mais comme une parole dont ils connoissoient l'influence, et qui servoit admirablement de prétexte à la haine et à ses fureurs.

La Convention Nationale signala les commencemens de son Autorité, en détruisant le Trône et en brisant le sceptre des Monarques François ; et comme les idées de convenances étoient inconnues à ce monde nouveau, ce fut un Roi de Théâtre, un histrion couronné (1) qui fut chargé de proposer à la plus illustre Nation l'abolition de la Royauté réelle, de la Royauté des Clovis, des Charlemagne et des Capet, d'une Royauté qu'on ne pouvoit dépouiller, même dans sa chûte, du caractère auguste que lui avoient imprimé quatorze cents ans de durée.

L'Assemblée, après avoir aboli dans un instant et par acclamation cette antique institution, ne songea qu'à jouir d'un nouveau triomphe, en appelant, en faisant comparoître devant elle le dernier Roi des François. Elle forma ce vœu avec une impatience farouche ; et toujours indifférente aux

---

(1) Le Comédien Collot d'Herbois.

bienséances, indifférente même en cette occasion aux loix de la décence, elle fixa, par
le même Décret, le jour où elle entendroit
un Rapport sur la conduite et les malheurs
du dernier Roi des François, et un Rapport sur les délits imputés à un infame Ecrivain hebdomadaire, devenu trop célèbre
sous le nom de Marat (1).

La Convention Nationale voulut juger
elle-même Louis XVI, non par un sentiment d'intérêt et de générosité, mais évidemment par l'horrible crainte qu'en tout
autre Tribunal il ne trouvât des François
disposés à respecter son malheur. En effet,
on peut remarquer, en lisant les débats an-
térieurs à cette résolution, que jamais les
Orateurs ne parlèrent du jugement futur de
l'infortuné Monarque, sans y réunir à l'a-
vance le mot de condamnation, et un plus
terrible encore….Par quel abus de Pouvoir,
après s'être ainsi déclarés, osèrent-ils se
placer sur le banc des Juges, et enfrein-
dre aussi ouvertement les premiers principes de la Jurisprudence ? La Convention
Nationale toute entière s'étoit peut-être

---

(1) » La Convention Nationale décrète que le
» Rapport sur Marat sera fait séance tenante.
» La Convention Nationale décrète que le Rapport
» sur Louis XVI sera fait mercredi prochain, ou que
si le Rapporteur n'est pas prêt, tous autres Membres
seront entendus sur cette question ».
Journal des débats 1er, *Décembre* 1792.

interdite à elle-même cette faculté, en exprimant à l'avance son opinion dans la Proclamation adressée, le mois d'Octobre 1792,
au Corps Helvétique. Elle y réunissoit au nom
de Louis XVI les mots de traître et de trahison, et elle imputoit à ce Prince la journée
du 10 Août, cette journée amenée par un
complot, dont, au milieu de l'Assemblée
Nationale, plusieurs partis et plusieurs individus s'étoient disputé la gloire, et qui, de
leur aveu, n'avoit pu être exécuté le 19
Juillet, conformément à un premier projet.

Voilà pourtant l'Assemblée (1), voilà les
hommes qui, engagés par une déclaration
publique à trouver le Roi coupable, se firent
eux-mêmes ses Juges, et ne craignirent pas
de violer toutes les loix, pour être et pour
rester seuls les arbitres de sa destinée.

Combien l'indignation s'accroîtroit si l'on
rapportoit les discours tenus à l'avance par
divers Députés ; si l'on rapportoit ces discours, où la prévention et la haine étoient
exprimées de la manière la plus outrageante.
L'un d'eux, homme principal, et qui a conduit à lui seul les Finances de l'État, l'un
d'eux, le *citoyen* Cambon, (il ne faut point
changer son signalement) fit entendre ces

---

(1) Je n'ai pas besoin de prévenir qu'en adoptant
le mot d'Assemblée ou de Convention Nationale
dans cette Section et dans les suivantes, ce n'est pas
de l'universalité des votans, mais de la majorité
dont je parle.

mots, ces horribles mots, avant le Rapport énonciatif des accusations à la charge du Roi : *Je suis d'avis que Louis XVI soit pendu cette nuit.* Et le citoyen Cambon fut ensuite un Juge de ce Prince, et son opinion fut appelée, et son suffrage fut compté. Quels détails de honte et de scandale se trouvent à chaque instant sur la route que je parcours ! Je les écarterai autant qu'il me sera possible, car je n'ai pas besoin de créer l'opinion de l'Europe. Remarquons seulement, que le Rapporteur de la Commission chargée d'examiner les Papiers du Roi des François, ce Rapporteur, auquel un langage grave et décent étoit moralement imposé, avoit pris lui-même le ton de l'insulte : « *Tu nous diras*, LOUIS CAPET, pourquoi » tu avois promis une pension de huit cents » livres par tête à deux ci-devant Curés de » Versailles (les nommés Jacob) ». *Tu nous le diras*, LOUIS CAPET, et ainsi de suite. Tel étoit le style impartial et tempéré dont un Rapporteur avoit fait choix.

Nous ne pouvons pas être Juges, vous dit un de vos Collègues (1), puisque *nous avons tous énoncé notre avis, et quelques - uns même avec une férocité scandaleuse.*

La conduite de la Convention Nationale, à l'époque qui fixe en cet instant mes regards, offrit encore l'exemple d'une autre violation de principes. Les conditions élé-

____

(1) Lanjuinais.

mentaires de la politique sociale ne permettoient pas de réunir à l'Autorité Législative
l'Autorité Judiciaire ; elles ne permettoient
pas de cumuler dans les mêmes mains le
droit de régler, de changer et de modifier
les formes de procédures ; elles permettoient
encore moins de les interpréter, en se chargeant exclusivement de leur application à
une circonstance choisie. Enfin, toutes les
idées d'ordre sont évidemment détruites,
lorsqu'on admet les mêmes hommes à être
à la fois les accusateurs d'une personne, les
inquisiteurs de ses actions et de sa conduite,
les rapporteurs du Procès, les jurés destinés
à prononcer sur la réalité du délit, et les
arbitres souverains de la peine.

Tel est pourtant le tableau de la tyrannie exercée envers le Roi des François. On
a rejeté pour lui seul les loix protectrices
de l'innocence ; on a rejeté pour lui seul
toutes les pensées généreuses que les Nations civilisées, que les générations sociales
ont consacrées, pour servir de défense à
l'isolement et à la foiblesse et pour rendre
encore fort contre les puissans, l'homme que
tous les préjugés accablent.

Et ce Prince pourtant, attaqué, mis en
jugement avec tant d'irrégularités, ce Prince.
qu'on dépouilloit, par exception, des sûretés
accordées au plus obscur des Citoyens, ce
Prince étoit le Roi, le Chef d'une grande
Nation ; et la dernière loi constitutionnelle
de l'État l'avoit déclaré solemnellement in-

violable; elle avoit limité ses risques à la
déchéance du Trône, et garanti sa Personne de toute espèce d'atteinte. Et comment
auroit-on refusée cette sauve-garde, à
l'homme foible, imparfait, à l Etre de notre
nature, entre les mains duquel on déposoit
le Gouvernement au sein d'un Peuple immense. Il falloit, ou lui donner des facultés
célestes, ou le mettre à l'abri de répondre
sur sa tête des erreurs et des fautes iné-
vitables dans une position sans pareille. Est-
ce à un homme devenu le centre d'une
multitude innombrable d'intérêts ; est-ce à
un homme qui se trouve en affinité avec
toutes les passions, que l'on peut demander
une responsabilité rigoureuse ? Il touche, il
aboutit à tous les événemens, à tous les
amours-propres, à toutes les idées ; et souvent emporté par ce tourbillon extérieur,
vous voudriez qu'au premier signal il vînt
rendre compte, et capitalement, de tout
ce qu'il a dit, de tout ce qu'il a fait, de
tout ce qu'il a pensé ; et ce compte, il le
rendroit à des hommes étrangers par leurs
habitudes à une situation suprême, et qui
en calculeroient les effets sur des propor-
tions erronnées.

Et comment un Prince auroit-il le courage du gouvernement, le courage qui oblige
à être seul contre tous et à se faire journellement des ennemis connus et inconnus ;
comment auroit-il ce courage si sa Personne
au moins n'étoit pas inviolable ? Cette idée

est d'une évidence parfaite, elle touche à tous les principes de morale et de saine raison, et nulle conception philosophique ne peut servir à la détruire.

Vous donc qui n'auriez pas assez d'esprit pour appercevoir qu'un Monarque est un Etre singulier, utile même essentiellement, par cette propriété et par toute la majesté qui en résulte, n'en désirez, n'en acceptez jamais un ; mais quand vous l'avez, vous ne pouvez, sans une aveugle démence ou sans une sorte d'imbécillité, le considérer en aucun temps comme un simple particulier, le juger votre pair et le soumettre à des règles communes.

. Mais en laissant là tous les raisonnemens qui exigent un peu de réflexion, et en se présentant seulement devant des Juges interprètes des loix de la morale, je demanderai s'il ne falloit pas être possédé d'un esprit farouche pour rester les persécuteurs de Louis XVI , pour demander, pour conjurer sa perte lorsqu'il n'étoit plus Roi et lorsque la Royauté étoit abolie ? Il falloit, disoit-on , un grand exemple à la Terre ; il falloit en imposer à tous les Princes pour l'utilité des Nations. Tel étoit le langage que tenoient les Orateurs de ce moment-là. Dieux ! quels Chevaliers de l'espèce humaine ! Et l'horrible pensée à des Députés de la France, de vouloir immoler le dernier de leurs Rois à l'instruction du reste du Monde !

. Mais la résolution étoit prise. La Con-

vention Nationale appelle, entraîne à sa
barre le Monarque qu'elle venoit de détrô-
ner. Il avoit perdu sa couronne ; il étoit
prisonnier ; il avoit déjà subi toutes les humiliations dont un homme, au faîte des
grandeurs humaines, ressent si longuement
et si profondément l'amertume : cependant
on ne le croit pas encore assez malheureux,
et l'on veut qu'un échafaud, ses douleurs
et ses infamies deviennent le prix d'une vie
toute pure et toute morale. Ah ! de quoi
serviront aux Juges et aux oppresseurs de
Louis XVI, de quoi leur serviront, devant
le Tribunal de la Postérité, les frivoles prétextes dont ils ont coloré leur accusation.
Ils ont successivement employé l'adresse et
la violence pour chercher, pour saisir jusques dans les plus mystérieuses retraites les
écrits solitaires et les pensées fugitives de
leur Roi. Ils ont fouillé, pour ainsi dire,
jusques dans les arrières secrets de sa pensée, et cependant ils n'ont rien appris à
l'Europe attentive qui pût jeter le moindre
doute sur la droiture de caractère et sur la
simplicité de cœur du plus malheureux Prince.
Quel particulier, après une inquisition si
rigoureuse, seroit assuré de paroître aux
yeux des hommes avec toute la splendeur
de l'innocence. Et ici, c'est un Roi qui sort
d'une telle épreuve sans laisser à ses ennemis le plus léger sujet de triomphe. Tout
fut de rigueur, tout fut d'artifice dans la
marche de la procédure. Vingt et un Com-

missaires, bien choisis pour leur œuvre, formèrent un plan d'agression, et après de longues et nombreuses conférences, ils présentèrent à la Convention Nationale, une légende de griefs, composée de trente-quatre articles. A l'instant on les réduit en acte d'accusation, à l'instant on envoie chercher le Roi prisonnier, et à l'instant on l'interroge. On ne lui accorde ce jour là ni un Conseil, ni un Guide ; on veut qu'il s'engage seul dans le dédale dont on a tracé les routes croisées, et sans lui communiquer préalablement l'Acte d'accusation en son entier, sans lui ménager des momens de réflexion, on lui adresse à la même séance, non-seulement une question directe sur chacun des articles d'accusation au nombre de trente - quatre, mais encore les questions incidentes amenées par ses réponses. Ainsi les formes adoptées pour obtenir à l'improviste d'un voleur ou d'un assassin quelques notions positives, quelques aveux spontanés sur un fait unique et récent, ces formes ont été employées à l'égard d'un Roi, recherché dans ses actions et dans ses projets pendant un espace de plus de quatre années. C'est encore au milieu d'un Tribunal, composé de sept à huit cents Juges et environné d'un nombre inconnu de spectateurs, que l'on veut saisir au dépourvu les pensées d'un Prince, transporté tout - à - coup dans une situation inouïe pour lui et déja courbé sous le faix d'une longue captivité. Rien n'est

plus étonnant que la manière calme et pré-
cise avec laquelle le Roi se défend. Il rompt
tous les artifices, uniquement par sa sim-
plicité, et ses persécuteurs sont déconcertés
en ne trouvant dans ses réponses aucun
aliment à leur malice. Aussi est-il remarquable que les Orateurs de l'Assemblée, les
plus experts en controverse astucieuse, n'es-
sayèrent pas même de tirer avantage d'aucune des paroles du Monarque. Toutefois
ils ne se détournèrent point de leur route;
car ce n'étoit pas de l'innocence de Louis
XVI dont il étoit question pour eux, mais
de sa perte. On se pressa donc d'arriver à
ce but; et après avoir permis au Roi de
choisir deux Conseils, on ne leur donna que
huit jours pour préparer une défense solemnelle; espace de tems à peine suffisant pour
lire et pour mettre en ordre une masse
énorme de papiers relatifs à trente-quatre
griefs, presque tous l'ouvrage de l'art.

Le plus honorable zèle doubla les forces
des Défenseurs de Louis; et M. de Sèze,
qui parla seul en leur nom le 26 Décembre 1792, fit ressortir avec autant de netteté
que de précision l'absurdité des reproches
dont on avoit osé former une accusation
criminelle. Il montra d'abord que ces reproches se rapportoient en grande partie aux
années 1788-89-90 et 91, à un tems où le
Roi n'avoit pas accepté la Constitution, où
il n'étoit pas encore Roi de par elle. M. de
Sèze fit remarquer ensuite que d'autres cen-

sûres, en les supposant fondées, regardoient des actes d'administration, dont, aux termes de la Constitution, les Ministres seuls étoient responsables. Cependant l'Orateur ne se prévalut point des raisons qui le dispensoient, en droit et en loi, de discuter les deux genres d'accusations dont je viens de parler ; il les parcourut avec détail ; et traitant de même quelques objections relatives aux actes personnels du Prince, il ne laissa rien subsister de l'échafaudage qu'il avoit à renverser, et l'œuvre de l'imposture ne put tenir un moment contre les armes de la vérité. Tel fut le jugement de l'Europe, tel fut le jugement de la France impartiale.

Cependant, et quelque jour on ne pourra le croire, l'Assemblée, après avoir entendu le Mémoire des Défenseurs de Louis, ce Mémoire où rien n'étoit en phrases, rien même en pathétique, mais tout en discussion et en faits positifs, ne le prit pas un instant en considération, et cet oubli, ce silence, devinrent une iniquité de plus de la part de l'Assemblée et l'une des plus extraordinaires de toutes. On eût dit qu'elle étoit pressée d'aller à son but, que ce but étoit irrévocablement déterminé, et que la vérité, la persuasion, n'entroient pour rien dans l'affaire.

On continua de reprocher au Roi qu'il avoit excité la guerre, et M. de Sèze venoit de rappeler tous les soins que le Roi s'étoit donnés pour la prévenir.

On continua de reprocher au Roi qu'il avoit soudoyé ses Gardes-du-Corps à Coblentz, et M. de Sèze venoit de prouver, par une pièce irréprochable, que le Roi avoit expressément défendu de rien payer aux absens.

On continua de reprocher au Roi le sang versé au Champ de Mars, et M. de Sèze avoit rappelé que le Roi, à cette époque peu distante du retour de Varennes, étoit encore prisonnier aux Tuileries et n'avoit aucune autorité dans le Gouvernement.

On continua de reprocher au Roi les événemens de Nancy, et M. de Sèze venoit de répéter que l'Assemblée Constituante avoit approuvé formellement les mesures prises alors pour rétablir l'ordre dans cette ville et toute la conduite du Général.

On continua de reprocher au Roi la journée du 10 Août, et M. de Sèze, après avoir prouvé l'état de simple défensive où le Roi s'étoit mis, avoit fini par ces paroles remarquables, que personne ne releva, que personne ne contredit :

« Et qui donc ignore aujourd'hui que,
» long-tems avant la journée du 10 Août,
» on préparoit cette journée, qu'on la mé-
» ditoit, qu'on la nourrissoit en silence,
» qu'on avoit cru sentir la nécessité d'une
» insurrection contre Louis ; que cette insur-
» rection avoit ses agens, ses moteurs, son
» cabinet, son directoire ?

» Qu'est-ce qui ignore qu'il a été com-

» biné des plans, formé des ligues, signé
» des traités ?

» Qui est-ce qui ignore que tout a été
» conduit, arrangé, exécuté pour l'accom-
» plissement du grand dessein qui devoit
» amener pour la France les destinées dont
» elle jouit ?

» Ce ne sont pas là, Législateurs, des
» faits qu'on puisse désavouer ; ils sont pu-
» blics ; ils ont retenti dans la France entière ;
» ils se sont passés au milieu de vous ; dans
» cette salle même où je parle, on s'est
» disputé la gloire de la journée du 10 Août.
» Je ne viens point contester cette gloire
» à ceux qui se la sont décernée ; je n'atta-
» que point les motifs de l'insurrection, je
» n'attaque point ses effets ; je dis seule-
» ment que, puisque l'insurrection a existé,
» et bien antérieurement au 10 Août, qu'elle
» est certaine, qu'elle est avouée, il est
» impossible que Louis soit l'agresseur. »

Qu'on se rappelle ici les détails que j'ai
donnés, dans la Section précédente, sur les
aveux remarquables de plusieurs Députés,
relatifs à la préparation secrète de la journée du 10 Août. Et le croira-t-on, ce n'est
pas seulement de cette journée dont on a
revendiqué la gloire : voyez comment M. Brissot, le membre le plus accrédité du Comité
Diplomatique dans l'Assemblée Législative,
l'homme alors en pouvoir absolu, se vante
à deux reprises d'avoir amené, d'avoir décidé la guerre. Et par quels motifs, juste
Ciel !

« Robespierre, dit - il, m'accuse d'avoir
» coopéré avec Dumouriez à la déclaration
» de la guerre à l'Autriche. --- Mais cette
» opinion étoit à moi seul, je l'avois long-
» tems avant de connoître Dumouriez ; je
» l'ai soutenue, parce que je voyois la Ré-
» publique naître de cette déclaration de
» guerre, parce que j'avois la certitude
» qu'elle mettroit à découvert la trahison
» du Tyran, et l'événement m'a justifié. ---
» Si c'est un crime que cette déclaration de
» guerre, je le partage avec toute l'Assem-
» blée Législative, qui l'a décrétée à l'una-
» nimité. »

Et dans une adresse du même Brissot aux
Jacobins : il s'exprime ainsi :

« C'étoit l'abolition de la Royauté que
» j'avois en vue en faisant déclarer la guerre...
» Les hommes éclairés m'entendirent le 30
» Décembre 1791, quand, répondant à
» Robespierre, qui me parloit toujours de
» trahisons à craindre, je lui disois : *Je n'ai
» qu'une crainte, c'est que nous ne soyons
» point trahis.* Nous avons besoin de trahi-
» sons ; notre salut est là ; car il existe
» encore de fortes doses de poison dans le
» sein de la France, et il faut de fortes
» explosions pour l'expulser.... »

Enfin Barbaroux, un autre Législateur,
osa prononcer ces paroles le 25 Septembre
1792.

« Voyez avec quelle rage calomniatrice
» on cherche à poursuivre les Citoyens qui

» ont demandé la guerre. La guerre, elle
» étoit nécessaire à notre liberté ; *la guerre,*
» *elle a tué Louis XVI....* »

Je le demande, comment un malheureux
Prince pouvoit-il échapper aux perfides em-
bûches qu'on lui dressoit, au sein même de
la Représentation Nationale ? Comment pouvoit-il échapper aux machinations astucieu-
ses et au systême suivi de trahison dont on
vouloit le rendre victime ?

Louis XVI, pendant le cours de son
règne, avoit été loué avec plus ou moins
de volonté, avec plus ou moins d'affection ;
mais jamais il n'avoit connu la calomnie
jusques à l'époque où des hommes sans frein
et habiles à toutes sortes d'outrages, se
sont approchés des affaires publiques. Il dédaigna long-tems les coups qui partoient de
semblables mains ; mais il ne put, en aucun
moment, supporter avec calme les insinuations mensongères par lesquelles on cherchoit à le présenter comme un homme dur
et presque indifférent à l'effusion du sang.
Je l'ai vu dans un état de douleur inexpri-
mable en lisant un Ecrit fort répandu, et
où l'on disoit de lui qu'au mois de Juillet
1789, il avoit donné des ordres pour le
saccagement de Paris ou pour quelqu'autre
violence de ce genre. Hélas ! il s'est mieux
peint que personne ne l'a fait dans les paroles touchantes prononcées au moment où
M. de Sèze eut achevé son Discours.

« On vient de vous exposer mes moyens

» de défense; je ne les renouvellerai point.
» En vous parlant, peut-être pour la der-
» nière fois, je vous déclare que ma cons-
» cience ne me reproche rien et que mes
» Défenseurs ne vous ont dit que la vérité.

» Je n'ai jamais craint que ma conduite
» fût examinée publiquement, mais mon
» cœur est déchiré de trouver dans l'Acte
» d'accusation l'imputation d'avoir voulu
» faire répandre le sang du Peuple, et sur-
» tout que les malheurs du 10 Août me
» soient attribués.

» J'avoue que les preuves multipliées que
» j'avois données, dans tous les tems, de
» mon amour pour le Peuple, et la ma-
» nière dont je m'étois toujours conduit, me
» paroissoient devoir prouver que je crai-
» gnois peu de m'exposer pour épargner
» son sang, et éloigner à jamais de moi une
» pareille imputation. *Signé* Louis. »
Remarquez ces paroles où le Monarque
ne paroît inquiet que des calomnies répan-
dues contre ses sentimens d'humanité. Le
Discours du Roi est d'ailleurs si calme, que,
sans ces tristes mots, ces mots pénétrans :
En vous parlant peut-être pour la dernière
fois, on ne seroit pas averti de la situation
où il se trouvoit. Ô dureté que l'on ne peut
comprendre ! Il fut écouté avec indifférence,
et le langage de la vérité, les accens du
malheur ne produisirent aucune impression.

CEPENDANT l'Assemblée délibère, entre

en dispute sur le choix et la série des décisions criminelles qu'elle avoit à donner, et
finit par adopter l'ordre suivant :

1°. Louis est-il ou non convaincu de crimes de conspiration et de haute trahison ?

2°. Le jugement qui sera rendu, soit qu'il
condamne, soit qu'il absolve, sera-t-il ou
non soumis à la sanction du Peuple ?

3°. Quelle peine affligera-t-on à Louis
Capet ?

À la première question 695 Députés sur
720 votèrent pour l'affirmative ; et le Président debout prononça ces paroles :

« La Convention Nationale déclare Louis
» Capet coupable d'attentats contre la li-
» berté, et de conspirations contre la sûreté
» générale de l'Etat. »

Coupable ! mais qu'auroit importé cette
Sentence, si elle n'eût pas été un premier
pas vers la mort ? Le Tribunal qui la dictoit,
esclave de ses propres passions, pouvoit-il
commander l'opinion de l'Europe et de la
Postérité ? Coupable, disiez-vous dans votre
terrible politique ou dans votre timide imitation ! Coupable ! ah ! c'est vous qui l'avez
été, c'est vous qui l'êtes, pour avoir osé,
sans mission, sans mandats, sans autorité
formelle, vous ériger en Juges du Roi des
François, et le condamner à la mort. C'est
vous qui l'êtes, pour avoir osé fouler à vos
pieds le caractère sacré d'inviolabilité qui
lui avoit été imprimé par la nature de ses
fonctions, et par l'expression positive de la
Loi

Loi Constitutionnelle dont vous et la France entière aviez juré l'observation. C'est vous qui êtes coupables, pour avoir osé vous déclarer Juges, après vous être montrés Parties, après avoir manifesté de toutes les manières, et par vos déclamations et par vos insultes, la guerre que vous vouliez faire à Louis. C'est vous qui êtes coupables, pour avoir osé réunir en vous despotiquement et contre tous les principes de jurisprudence et d'équité, les fonctions incompatibles d'Accusateurs et de Jurés, de Législateurs et de Juges. C'est vous qui l'êtes encore, pour avoir rejeté dans votre procédure toutes les formes protectrices de la foiblesse et de l'innocence. C'est vous qui êtes coupables, pour avoir fait rompre les porte-feuilles du Roi, ses armoires et ses secrétaires ; pour en avoir enlevé les papiers dans son absence, et vous être ainsi ménagé la faculté de trouver dans ces dépôts tout ce qui pouvoit nuire à l'accusé, et rien de ce qui pouvoit le servir. C'est vous qui êtes coupables, pour avoir demandé compte au Roi de ses actions, de ses projets et de ses pensées, en vous plaçant comme inquisiteurs au-delà du tems où les nouvelles loix politiques avoient commencé, au-delà du tems où le Monarque avoit accepté la Constitution, et même avant cette époque mémorable, où d'autres Représentans de la Nation, avouant ses bienfaits, l'avoient proclamé solemnellement LE RESTAURATEUR DE LA LIBERTÉ FRAN-

-çoise. C'est vous qui êtes coupables, pour avoir imputé au Roi les événemens dont vous vous étiez disputés la gloire, et pour en avoir audacieusement composé des chefs d'accusation contre lui. C'est vous sur-tout qui ne pourrez jamais vous justifier d'avoir été tellement aveuglés par votre passion, qu'un petit nombre d'entre vous seulement aient élevé leur voix pour demander l'examen des réponses faites au nom de Louis XVI, l'examen du plaidoyer de ses Défenseurs, et qu'aucune attention n'ait été donnée à une réclamation si simple, si juste et si naturelle. Enfin, en vous instituant les Juges de ce Prince, et ses Juges sévères ; en parcourant ses actions, en cherchant dans le passé ses erreurs ou ses foiblesses, vos regards ne se sont jamais arrêtés sur la situation d'un Prince au sortir de ses anciennes grandeurs, obligé de changer ses opinions et ses habitudes, et jeté tout-à-coup par la fortune au milieu d'une Révolution où tout étoit nouveau, où nulle expérience ne pouvoit servir de guide, et où vous-mêmes, Juges à mort d'un Etre sans appui, vous avez fait des fautes innombrables. Mais un sentiment d'indulgence ne vous est jamais venu, et les cœurs généreux ne pourront vous pardonner cette dureté de caractère, cette longue impiété dont les Annales de la Nation Françoise ne fournissent aucun exemple (1).

____

(1) Qu'on trouve ici sur le même sujet les élo-

C'est votre grand esprit, si l'on doit vous en croire, qui vous a toujours détournés de la compassion, qui vous a toujours empêchés d'être doux et bons. Vous pensiez à la Patrie, tandis que nous, chétifs mortels, nous nous occupions d'un Roi. Vous embrassiez de vos conceptions la postérité, de vos méditations les races futures, lorsque nous

---

quentes paroles de M. Bresson, Député de la Haute-Vienne.

« Non , Citoyens, vous disoit-il, nous ne sommes pas Juges ; car les Juges sont prosternés
» devant une loi égale pour tous, et nous, nous
» avons violé l'égalité pour faire une exception con-
» tre un seul.

» Nous ne sommes pas Juges, car les Juges ont
» un bandeau glacé sur le front , et la haine de
» Louis nous brûle et nous dévore.

» Nous ne sommes pas Juges, car les Juges se
» défendent des opinions sévères; il les ensevelis-
» sent au fond de leur cœur, et ce n'est qu'avec
» une tardive et sainte honte qu'ils les laissent échap-
» per ; et nous presque réduits à nous excuser de
» la modération, nous publions avec orgueil la
» rigueur de nos jugemens et nous nous efforçons
» de la faire adopter.

» Nous ne sommes pas Juges enfin , car on voit
» les Juges s'attendrir sur le scélérat qu'ils viennent
» de condamner, et adoucir l'horreur qui l'envi-
» ronne par l'expression de la pitié. Notre aversion
» poursuit Louis jusques sous la hache des Bour-
» reaux, et même j'ai quelquefois entendu prononcer
» son Arrêt de mort avec l'accent de la colère,
» et des signes approbateurs répondoient à ce cri
» funèbre. »

pleurions sur le sort d'une seule famille.
C'est beau ; mais pourquoi dans vos hautes
distractions ne vous êtes-vous jamais oubliés
vous-mêmes, et pourquoi, livrés en entier
aux intérêts de la suite éternelle des générations, étiez-vous pourtant si vigilans et si
passionnés à la poursuite d'un Pouvoir éphémère, à la recherche encore de toutes les
louanges d'un moment ?

Seroit-ce une particularité minutieuse à
relever que le sang-froid dont on se paroit,
en entremêlant les questions les plus indifférentes aux lugubres discussions sur la destinée du Roi des François. Le 19 Janvier
1793, et au moment où l'on alloit déterminer si la Sentence de mort rendue contre
le Monarque seroit exécutée sans délai, ou
s'il y auroit un sursis ; à ce moment qui
devoit pénétrer toutes les ames d'une sombre affection, de quoi s'occupe-t-on longuement et préliminairement ? D'un débat sur
une partie du vêtement des Gardes-Natio-
nales, que les uns vouloient de drap et les
autres de panne. Je ne sais pourquoi cette
tranquillité, cette abstraction, m'ont fait
une impression particulière. N'accusons pas
néanmoins tous les Députés, puisque, selon
les termes du Procès-Verbal, l'Assemblée
n'étoit pas complète.

Sans-doute un grand nombre ont retenu,
par crainte ou par prudence, l'expression
de leurs combats intérieurs. Un grand nombre encore ont versé des larmes en secret

sur la cruelle destinée d'un malheureux Prince et sur l'insuffisance de leur aide. Plusieurs peut-être se sont échappés précipitamment du milieu de ces effrayantes controverses, pour aller déposer leur douleur dans le sein d'un ami fidèle ou d'une épouse sensible. Quelques noms, dignes d'une exception honorable, sont même venus jusques à moi ; mais il ne m'est pas permis de violer l'obscurité dont ils se sont environnés. Joignons-nous seulement à une opinion commune et vraisemblable; c'est que beaucoup de Membres de la Convention, en déclarant le Roi coupable vouloient ménager leur crédit et leurs forces pour obtenir l'appel au Peuple, et pour triompher du parti Jacobin à cette seconde question. Mais leurs soins et leur exemple ne purent entraîner que 283 suffrages sur un nombre de 707.

Enfin la troisième question fut mise en délibération. Quelle peine infligera-t-on à Louis Capet ?

Le nombre des votans fut de 721; et le Président, après avoir expliqué que, sur un tel nombre, 361 formoit la majorité absolue, et qu'il y avoit eu 366 voix pour la mort, articula ces paroles (1):

« Je déclare au nom de la Convention » Nationale, que la peine qu'elle prononce « contre Louis Capet, est celle de mort. »

-----

(1) Séance du mercredi 16 Janvier 1793.

Vous frémissez..... On crut un moment que le maintien, je n'ose dire encore l'exécution d'une horrible Sentence, décidée par *cinq voix* dans une Assemblée appelée Nationale, paroîtroit, sous ce rapport seul, une idée si monstrueuse et si révoltante, qu'on reviendroit au moins à l'appel au Peuple (1). Les Défenseurs du Roi demandèrent cet appel d'une manière formelle, et ils remirent de plus à l'Assemblée une Protestation écrite de la main du Roi, et conçue en ces termes :

« Je dois à mon honneur, je dois à ma
» famille de ne point souscrire à un juge-
» ment qui m'inculpe d'un crime que je ne
» puis me reprocher ; en conséquence, je
» déclare que j'interjette appel à la Nation
» elle-même du jugement de ses Représen-
» tans ; je donne par ces présentes pouvoir
» spécial à mes Défenseurs officieux, et
» charge expressément leur fidélité de faire
» connoître à la Convention Nationale cet
» appel par tous les moyens qui seront en.

____

(1) Une si petite majorité parut inquiéter les triomphateurs ; ils provoquèrent une revision des scrutins, et à l'aide d'une distinction sur les votes conditionnels, à l'aide d'interprétations occultes données par quelques Députés dans un moment où leurs suffrages ne pouvoient plus sauver le Roi, il se trouva 387 voix pour la mort au lieu de 366. La première déclaration solemnelle du Président est crue de préférence, et c'est la seule probablement qu'admettra la postérité.

» leur pouvoir, et de demander qu'il en
» soit fait mention dans le Procès-Verbal
» de la séance de la Convention. *Signé*
» Louis. »

Cette protestation du Roi ne fut point reçue et l'on rejeta la demande de ses Défenseurs. Une grande agitation cependant régnoit dans l'Assemblée ; mais Robespierre, qui vit les opinions disposées à s'ébranler, prononça le discours d'un Tribun sûr de sa Puissance, et où chacun put appercevoir, qu'il n'étoit plus tems de changer le sort de Louis, et que la plus légère atteinte au jugement rendu seroit le signal d'une insurrection populaire.

Déjà le très-grand nombre des Députés, en opinant sur l'une ou l'autre des questions relatives au Procès de Louis XVI, avoient manifesté des craintes, et plusieurs avoient accompagné leurs suffrages de cette formule ou de toute autre équivalente : « Dussai-je m'exposer aux poignards des » assassins, je dirai...» Et un Député de Bretagne (1) avoit osé prononcer ces paroles : « On paroît délibérer ici dans une » Convention libre, mais c'est sous les poi- » gnards et les canons des factieux ».

Hélas ! n'importe les hommes, n'importe leur caractère ; il faut bien recourir à la peur et à ses influences, pour expliquer

______

(1) Encore *Lanjuinais*.

le résultat des suffrages à cette horrible discussion où la mort du Roi fut prononcée,
et pour expliquer encore, comment une
supériorité de cinq voix, sur un nombre de
721 délibérans, a pu être admise par les
Législateurs eux-mêmes comme une Autorité décisive; tandis que, selon leurs propres
Décrets, une condamnation capitale exi-
geoit une majorité formée par les trois quarts
des Jurés.

Les idées et les sentimens qui avoient
dicté cette condition étoient d'une obligation plus grande encore pour une Assemblée Nationale, pour une Assemblée représentative de tous les droits et interprète de
tous les devoirs.

Le Corps Législatif a suivi, dit-on, l'u-
sage adopté dans son sein pour les Décrets
de Police et d'Administration ; mais quel
rapport y avoit-il entre les délibérations de
ce genre et une instruction criminelle ? Chose
remarquable ! l'Assemblée Nationale sort de
ses règles, sort de ses habitudes pour se
faire Juge, et elle les reprend pour l'être
avec rigueur.

L'approche du Souverain dans tous les
pays du Monde avoit constamment annoncé
la miséricorde. Ici ce fut tout le contraire,
et l'apparition de l'Autorité Législative dans
un Procès criminel y a introduit des conditions sévères et rejetées par les Tribunaux
ordinaires.

Ce n'est pas tout. L'attribution illégale

d'un jugement criminel au Corps Législatif
priva Louis XVI du droit de récusation, de
cette sauve-garde tutélaire accordées aux accusés dans toutes les Cours de Justice. Cependant il voyoit parmi ses Juges des hommes qui avoient conjuré sa perte, et qui
s'étoient déclarés avant de l'entendre ; il
voyoit parmi ses Juges des hommes qui
l'avoient insulté de la manière la plus outrageante, et qui desiroient en secret de
voir disparoître du Monde un Prince dont
ils croyoient avoir lassé la généreuse pa-
tience.

Enfin, et par une dernière exception aux
loix protectrices de l'innocence, Louis XVI
eut à comparoître devant un Tribunal où
les suffrages se donnoient à haute voix et
en présence d'un nombreux concours de
spectateurs ; en présence d'un Peuple alors
encore dans l'ivresse de la férocité, et qui,
choisi de la main des nouveaux tyrans, en-
courageoit les Juges de sang et faisoit trembler tous les autres.

Qu'on imagine, si l'on peut, une cu-
mulation plus grande de rigueurs et d'ini-
quités. Et c'est après avoir ainsi violé tous
les principes de justice, toutes les règles et tous les usages, qu'une majorité de
cinq voix paroît suffisante pour décider de
la vie d'un Roi ; hélas ! de la vie d'un
homme, de tel état, de tel rang qu'il pût
être. Et pourtant vingt-cinq suffrages man-
quoient, vingt-cinq suffrages n'avoient pas

H 5

été donnés. On eût pu les vouloir, on eût pu les demander. Ne l'auroit-on pas fait si la même majorité se fût prononcée différemment ? Et parmi les suffrages de mort qu'on avoit comptés, l'un ne devoit-il pas être rayé, et pour une cause plus décisive que la démence, pour une transformation de nature ? J'explique cette pensée en transcrivant ici littéralement un article du Journal des Débats et des Décrets du 16 Janvier 1793.

« Louis-Philippe Egalité monte à son
» tour à la tribune. L'Assemblée semble
» étonnée, inquiète ; il se fait un grand si-
» lence. Il dit : Fidèle à mes devoirs, et
» convaincu que tous ceux qui ont attenté
» ou attenteront par la suite à la souve-
» raineté du Peuple méritent la mort, je
» prononce la mort. —Une grande partie
» de l'Assemblée frémit. Louis-Philippe-
» Joseph retourne tranquillement à sa
» place. »

Enfin l'instant du sacrifice approche, et je ne puis en éloigner plus long-tems mes regards. Hélas ! en prolongeant quelques discussions je me faisois illusion à moi-même. Il me sembloit que j'appelois encore d'une injuste condamnation.

La fatale Sentence étoit rendue. Elle l'étoit....... Les Ministres de ce tems furent chargés d'en donner connoissance au Roi, et ils remplirent cet office.

Louis les écouta avec sérénité. Il demanda trois jours pour se préparer au grand passage dont la fureur des hommes accéléroit pour lui le moment. La Convention Nationale le refuse, et il partage les heures qu'on lui laisse entre ses devoirs religieux et les touchantes émotions, les derniers épanchemens d'une ame avertie que tout va finir. Il avoit vû son sceptre brisé, il avoit vu tomber en éclats les colonnes de son Trône, il avoit vu défaillir ces grandeurs auxquelles on avoit préparé son enfance, il avoit vû périr cet héritage que dix siècles de substitution sembloient avoir garanti ; enfin , il avoit connu, il avoit éprouvé les plus grands revers de la fortune , et son courage y avoit suffi. Mais c'est lui qui doit annoncer à sa femme, à sa sœur, à ses enfans, à tous les objets de son affection le coup qui va le frapper ; c'est lui qui doit les instruire d'une horrible Sentence ; c'est lui qui doit leur apprendre, qu'un supplice, un échafaud, toutes les apparences de la honte doivent terminer la carrière du Roi des François ; mais plus que tout cela, c'est lui qui doit leur parler de cette nuit, de cette ombre éternelle qui s'avance à grands pas pour les séparer. Il emprunte un moment une force surnaturelle ; il va chez la Reine ; il entre , a-t-on dit, avec une sorte de calme ; et comme il est seul et que depuis long-tems de rigicides surveillans accompagnoient ses pas, l'épouse, la sœur, les enfans espèrent un instant qu'un jour plus serein luit peut-être pour eux : leurs yeux se fixent sur le Roi, leurs regards se prolongent. Bientôt le doute, l'inquiétude se peignent sur tous leurs traits ; et le silence du Roi, ses embrassemens, les larmes que ses efforts ne peuvent retenir deviennent le signal des cris de désespoir, des cris épouvantables dont les accens, dit-on, furent entendus loin du Temple. On n'a pu savoir, on ne saura jamais les paroles entrecoupées que les infortunés s'adressèrent. Ils ont tous péri. Vous les préjugerez ces paroles, vous les ferez vous-mêmes, vous qui avez aimé, vous qui avez existé dans un autre et par lui, vous qui avez vû briser ce lien, vous qui avez éprouvé les déchiremens d'une séparation. C'est un ami, jeune encore et dans tout l'éclat de la vie ; c'est un ami, la source de votre gloire, le soutien de votre considération ; c'est plus que tout encore, le premier, l'unique objet de vos affections. Vous aviez connu la pureté de ses intentions, vous aviez pénétré ses sentimens, vous aviez suivi ses pensées, vous rendiez chaque jour un culte à ses vertus, et c'est lui qu'on injurie, c'est lui qu'on veut avilir, c'est lui que des furieux ont choisi pour victime, et c'est lui, c'est lui qu'on va sacrifier à la plus horrible politique. Chacun de ses regards semble invoquer votre témoignage et appeler à votre estime de l'injustice des hommes ; il cherche votre intérêt, et il s'efforce de vous calmer ; il veut de votre souvenir, et il redoute votre désespoir, il auroit besoin d'oublier la Terre, et à l'aspect de vos tendres regrets, jamais de plus doux sentimens ne l'y ont attaché. Voilà par quelles réflexions on peut se former une image, une bien foible image de la situation de Louis XVI au milieu des siens. Hélas ! il va les quitter, et ce sera pour toujours. Il eut besoin de quelques efforts pour échapper à des embrassemens passionnés, à des étreintes convulsives. Il donna l'espérance, il promit de revenir ; mais son dernier regard fut trop expressif : sa femme et sa sœur tombèrent sans connoissance ; sa fille étoit mourante, et son fils courut après lui la poitrine étouffée par ses sanglots ; il traverse rapidement les premières pièces de l'appartement ; il descend l'escalier sans que rien puisse l'arrêter, et se trouvant dans la cour au milieu des Gardes, il leur crie les mains jointes et en se jetant quelquefois à genoux : Laissez-moi passer, Messieurs ! laissez-moi passer !..... Où voulez-vous aller ?..... Je veux parler au Peuple.... Et pourquoi ?.... Je veux le supplier de ne pas faire mourir Papa Roi. Ah ! laissez-moi passer, Messieurs ; au nom de Dieu ne m'en empêchez pas......

Inutiles prières ! Retourne jeune enfant. Tu auras aussi ta coupe de douleur, ta coupe particulière : les tyrans ont l'œil sur toi, et tu ne connoîtras la vie que par tes larmes et par tes solitaires complaintes.

Louis, retiré dans son appartement, se réfugia par la méditation dans le sein de l'Etre Suprême; il y chercha la force et l'espérance, et ce ne fut point en vain; car toutes les consolations de la piété lui servirent d'assistance jusques à son dernier moment.

Il se jeta sur son lit après avoir prié, et dormit quelques heures. Le matin deux de ses serviteurs entrèrent dans sa chambre, et l'effusion de leurs larmes exprima tout. Le Roi leur tendit la main, et se leva. Déjà les Précurseurs de sa marche funèbre étoient arrivés. Le Roi les voit, il lève les yeux au Ciel; il jette un regard sur l'appartement de ses fideles amies, il leur adresse au-dedans de son cœur un dernier adieu, et d'un ton fier encore il dit au Commandant de la Garde : Partons. Un carrosse l'attendoit. Dieux quels souvenirs se seroient présentés à lui s'il eût pu songer à la Terre! Ce n'étoit plus ce tambour, ces instrumens de fête qui annonçoient autrefois sa sortie; ce n'étoient plus ces courtisans attentifs aux regards qu'il jetteroit sur eux, ni cette foule encore aimante qui couroit à sa suite, en faisant retentir les airs des cris de *vive le Roi!* Tout avoit disparu. Un double et triple rang d'hommes armés, au cœur d'airain, au regard farouche et serrés les uns contre les autres, environnoient sa voiture. Un Prêtre renégat, nommé Jacques Roux, en qualité d'Officier-Municipal, y avoit pris place en face du Roi ; et lorsqu'il rendit compte à la Commune de cette affreuse journée, il dit que pendant la route ses yeux avoient été continuellement fixés sur *Capet.* C'étoit l'avant-coureur du dernier des affronts. La marche dura deux heures ; toutes les rues étoient bordées de soldats et un morne silence régnoit dans la Ville. Les portes de la plupart des maisons étoient fermées, et la Police avoit sévèrement défendu que personne parût aux fenêtres. Tous les actes de l'autorité ce jour-là eurent le sceau du crime, la peur avec la violence.

Le Roi touchoit à ce moment terrible que notre nature ne peut concevoir, et pour lequel nous n'avons rien d'appris. Il contemple sans foiblesse l'autel ignominieux destiné à son sacrifice ; il détache, il écarte lui-même la partie de ses vêtemens qui pouvoit gêner l'action du fer assassin. Hélas ! il faut tout dire, il faut en avoir le courage ; car c'est ici pour Louis le moment du Chrétien, le moment où le triomphe se compose des humiliations..... Un infâme Exécuteur voulut lier ses mains ; il s'approcha du Roi, et un regard d'indignation le force à reculer ; mais bientôt Louis le rappelle : il avoit levé ses yeux vers le Ciel, et il avoit dit à voix basse : Oui, mon Dieu, encore cet outrage...... vous l'avez ordonné. Enfin, il se place lui-même sur la planche fatale. Ô Trônes ! ô Couronnes ! ô Grandeurs de la Terre ! mais votre image même va disparoître. Il n'y a plus qu'une minute qu'une seconde à franchir, et jusques à votre ombre elle s'évanouira dans la nuit du néant. Il n'y a plus.... mais, encore avant, un Ministre de la Religion et qui n'a point quitté l'Auguste Victime, un respectable Ecclésiastique, le Confident sacré de ses pensées, se précipite à genoux, et s'écrie : *Fils de St. Louis, Montez au Ciel !*.... Puissent ces belles paroles qui ont retenti dans toute l'Europe, ces belles paroles adressées au plus infortuné des Rois, avoir adouci, avoir calmé le dernier instant de son martyre !

.... Arrêtons-nous un moment, c'est assez pour nos forces.

HABITANS de Paris, vous avez été les témoins et les témoins paisibles du plus horrible sacrifice ; mais je ne vous juge point, car vos tyrans eux-mêmes vous suspectèrent. En défiance avec raison de tous les sentimens secrets, ils eurent peur que Louis, en parlant au Peuple, ne fût écouté avec intérêt, et par un ordre barbare ils s'affranchirent de toute inquiétude. On le sait, lorsque du haut de son échafaud le Roi parut demander un moment de silence, et dès qu'il eut prononcé avec émotion : François !..... je meurs innocent..... je pardonne à mes persécuteurs..... puisse ma mort être utile à la France.... Dès qu'il eut ajouté : Et toi, Peuple infortuné..... le Chef de la Garde, observateur exact de sa consigne, commande aux tambours de rouler à grand bruit, et le Roi ne fut plus entendu.

VAINS efforts cependant ; car les dernières pensées de Louis restent gravées dans un Testament, où la plus douce piété semble former un lien entre les sentimens qui l'attachoient à la Terre et les espérances qu'il conçoit d'une nouvelle Patrie. Il est prêt à succomber sous l'injustice des hommes, et il dit, il écrit d'une main ferme : « Je re- » commande à mon fils, s'il avoit le mal- » heur de devenir Roi, de songer qu'il se » doit tout entier au bonheur de tous ses » Concitoyens ; qu'il doit oublier toute haine » et ressentiment, et nommément tout ce » qui a rapport aux malheurs et aux cha- » grins que j'éprouve ».

C'est un oubli qu'il demande à son fils s'il avoit le malheur de devenir Roi. La Religion, la morale évangélique, devoient inspirer à Louis ce sentiment généreux ; mais il dit, *ses Concitoyens* : cette expression, qui n'étoit pas nécessaire, son cœur seul a pu la dicter. *Ses Concitoyens !* et c'est un mot d'affection dont il se sert, c'est un mot d'affection qui lui échappe, dans un moment où la France entière semble l'abandonner.

Hélas ! tout est bonté, tout est indulgence dans les derniers épanchemens de Louis. *Souvent*, dit cet excellent Prince, en parlant des hommes dont il croit avoir droit de se plaindre , *souvent dans les momens de trouble et d'effervescence on n'est pas maître de soi.* Quelles paroles au moment où l'on voit un fer meurtrier suspendu sur sa tête ! Non, ses manes , s'ils errent parmi nous , n'appellent personne à la vengeance. Et la Victime, l'innocente Victime élève encore sa voix, pour recommander aux François la modération et pour les inviter à la paix. Comment lire sans attendrissement ces douces et sereines expressions d'un Prince au comble du malheur et naguères assis sur le premier Trône du Monde? « Je prie tous » ceux que je pourrois avoir offensés par » inadvertance (car je ne me rappelle pas » d'avoir fait aucune offense à personne) » de me pardonner le mal qu'ils croient » que je puis leur avoir fait ». Est-il un dis-cours animé , pathétique , qui pût égaler en persuasion cette phrase placée entre deux parenthèses : *car je ne me rappelle pas d'avoir fait aucune offense à personne.* Quelle sim-plicité ! L'observation de l'infortuné Prince ne s'adresse point aux autres ; il pense, il parle en lui, et il ne songe pas à se pein-dre. O vérité , céleste vérité , que toute empreinte est inimitable ! Le voilà pourtant ce Tyran qui ne se rappelle pas à sa der-nière heure , d'avoir offensé personne ; ce Tyran, c'est le nom qu'il tient de vous et de vous seuls sur la Terre. Vous avez su tromper une aveugle multitude ; mais le jour du repentir arrivera , et déjà vos voiles et

vos doubles voiles commencent à se déchirer. Et comment pourriez - vous encore
anéantir l'impression des dernières paroles
du Testament de Louis XVI, de ces paroles
mémorables par leur caractère religieux et
solemnel? « Je finis, dit le Prince, je finis,
en déclarant devant Dieu, *et prêt à paroître devant lui*, que je ne me reproche
» aucun des crimes qui sont avancés con-
» tre moi ». Que tous les échafaudages du
mensonge et de l'artifice tombent et s'écrou-
lent devant cette déclaration sainte, devant
cette déclaration irrécusable. Elle vaut mieux
à elle seule pour la cause du Roi des François, que tous nos discours, que l'éloquence
même de ses généreux Défenseurs. C'est
un homme pénétré de la Religion et de ses
devoirs, c'est lui qui, dans la solitude, en
présence uniquement de l'Etre Suprême, *et
prêt à paroître devant lui*, se déclare innocent des crimes qu'on lui reproche. Ah ! l'on
vous croira, Louis, on vous croira bien
mieux que vos Juges et vos oppresseurs. Déjà
deux fois on a célébré sur votre tombe la
commémoration de la mort du Tyran ; mais
l'Europe détourne ses regards de cette in-
digne fête, et bientôt, on n'en peut douter,
de nouveaux Députés de la Nation Françoise refuseront d'accéder, par leur aveugle
suffrage, aux cinq voix de majorité qui ont
décidé de la plus injuste des condamnations,
à ces cinq voix que la Convention Nationale
elle - même a tacitement annullées, quand

elle a rejeté de son sein des hommes devenus fameux par leurs crimes, des homme
en horreur à toute la nature.

Louis XVI un tyran ! Oui, comme Loui
XII, en aimant les François et en desiran
continuellement d'acquérir des droits à leu
reconnoissance. Hélas ! l'étoit-il un tyran
lorsqu'il pardonnoit sans-cesse, lorsqu'il n
pouvoit résister à une larme, lorsqu'il crai
gnoit de répandre le sang, même pour s'af
franchir d'une injuste oppression? Et comm
Roi, comme Prince, l'étoit-il un tyran quand
il détruisoit la servitude et les droits de main-
morte dans ses domaines, et qu'il invitoit
tous les propriétaires féodaux à suivre son
exemple ; quand il abolissoit dans toute la
France la vieille institution des Corvées, t
quand il mettoit un obstacle invincible à
l'accroissement arbitraire de la Taille, e
lorsqu'instituant les Administrations Provinciales, il donnoit des amis au Peuple des cam-
pagnes et des protecteurs éclairés à tous les
tributaires ? L'étoit - il un tyran quand il fai
soit briser les instrumens de la Question pré
paratoire, quand il faisoit combler les ca-
chots souterrains et qu'il s'occupoit efficacement de l'amélioration des prisons ? L'étoit-
il un tyran, lorsqu'au milieu de la guerre il
multiplioit les secours destinés à l'infortune,
il adoucissoit le sort des malades, le sort
des enfans trouvés, le sort de tous les malheureux confiés à la tutèle publique ? L'étoit-
il enfin un tyran lorsqu'il appeloit autour du

Trône les Représentans de la Nation, lorsqu'il devançoit leurs vœux en abandonnant
lui-même une partie des prérogatives de la
Royauté, et lorsque les Députés des trois
États lui décernèrent en commun le titre
de RESTAURATEUR DE LA LIBERTÉ FRAN-
ÇOISE.

Sans-doute on n'a rien épargné pour effacer les souvenirs qui pouvoient attacher au
Prince dont on avoit résolu le sacrifice ;
mais l'heure étoit fixée, qu'on se défioit
encore des sentimens du Peuple. Autrement
pourquoi tant de surveillance sur les dernières paroles d'un infortuné Monarque ?
pourquoi tant d'inquisitions contre les Dis-
tributeurs de son Testament de mort ? Vous
rappellerez beaucoup d'Adresses souscrites
ou par des Sociétés populaires, ou par d'autres réunions, et qui toutes ont applaudi à
votre cruelle Sentence ; mais vous nous avez
appris vous-mêmes les secrets de ces divers
Écrits ; vous nous l'avez dit quand il vous
a convenu de discréditer les manœuvres des
Jacobins et les attaques de vos ennemis.

Non, vous essaierez en vain de vous présenter comme de simples Mandataires de la
Nation ; la Postérité n'imputera qu'à vous
un affreux sacrifice, et entre beaucoup de
reproches ce sera le plus éclatant, le plus
mémorable de tous. Vous ne changerez pas
la nature de l'homme ; vous n'empêcherez
pas qu'en tout tems les idées et les sentimens ne se réunissent en foyer sur un Etre

unique, s'il trace un grand sillon dans l'Histoire. Et quand votre action atteindra dans
son jet et vos enfans, et les enfans de vos
enfans peut - être, votre métaphysique sur
l'Egalité leur sera d'une foible défense.

Malheur aux Gouvernemens qui mettent
leur gloire à dédaigner ou à vaincre toute
commisération particulière ! Ils peuvent s'é-
garer par des généralités de sentimens autant
que par des généralités de principes. Tout
devient vague alors autour d'eux ; tout est
frappé d'abstraction, et rien de brillant,
rien de figuré ne marque et ne fixe leur
route.

Toujours occupés, s'il faut les en croire,
de la Patrie et de la Postérité, ils imagine-
ront donner une preuve de leurs affections
universelles, en n'aimant aucun homme en
particulier ; et de degrés en degrés ils seront prêts à sacrifier un à un tous les individus à l'espèce ; et plus leurs victimes
seront distinguées, plus en se jugeant eux-
mêmes ils se trouveront admirables. Le con-
çoit-on, c'est en grande partie par vaine
gloire que les derniers Maîtres de la France
ont dédaigné la compassion, ont abjuré la
bonté ; c'est pour marcher après les Romains qu'ils ont exagéré leur nature ; mais
ils n'ont pu faire la route, et poursuivis par
le remords, ils ont chancelé dès les premiers pas.

LA grande masse des hommes différera

constamment du caractère emprunté dont je viens de citer quelques traits ; et dans cette confiance j'ose encore fixer un moment l'attention sur la mort de Louis XVI et sur son jugement. On a mis en question, on s'est demandé avec inquiétude, si les Puissances Étrangères avoient pu servir le Monarque François, et si elles ont mis autant de soins à éloigner les périls dont il étoit menacé, que d'empressement et de zèle à le plaindre et à le venger.

Je ne sais, mais j'ai toujours regretté que la belle proposition de M. Fox au milieu du Parlement d'Angleterre ait été rejetée. L'ambassade solemnelle à laquelle il invitoit sa Nation eût pu seule être en secours à un infortuné Monarque ; et si elle avoit encore prévenu ce tumulte universel, dont une injustice éclatante est devenue l'occasion et le signal, quel service n'eût-elle pas rendu à l'Europe et à l'humanité entière. L'intervention des Ambassadeurs de la Grande Bretagne eût produit, je le crois, une impression incalculable ; et trop sages, on doit le présumer, pour employer imprudemment le langage de la menace, il n'appartenoit pourtant qu'à eux de parler avec courage ; il n'appartenoit qu'à eux de fixer l'attention de toute la France et de faire retentir avec autorité les plus hautes vérités de la morale et de la politique. Quelle grandeur, quelle magnificence il y auroit eu dans cette démarche et dans cette action généreuse ! Une

Nation toute entière, par l'organe de ses
Ambassadeurs, auroit paru pour la première
fois sur la scène du Monde, afin de prendre
en mains la défense du malheur et de l'innocence; et le même Peuple qui avoit combattu tant de siècles contre les Princes de
la Maison de *France*, seroit venu plaider
la cause du dernier Roi de cette Auguste
Race. Quel éclat n'auroit pas donné à toutes
les idées de morale cette pensée si pure et
cette résolution si touchante. Il est des actions qui se présentent à l'esprit comme un
rassemblement de toutes les beautés; et
celle-ci placée près des forfaits dont l'Europe
est épouvantée, auroit presque sauvé la
gloire de ce siècle.

Les Ambassadeurs auroient garanti ces
paroles remarquables d'une Lettre confi-
dentielle écrite par Louis XVI au Monarque Anglois au mois de Janvier 1792.

« Monsieur Mon Frère, je remets cette
» Lettre à M. Chauvelin, que j'ai nommé
» mon Ministre Plénipotentiaire auprès de
» Votre Majesté. Je saisis cette occasion
» pour vous exprimer combien je suis tou-
» ché de toutes les marques publiques d'af-
» fection que vous m'avez données. Je vous
» remercie, de ce qu'à l'époque du concert
» que quelques Puissances ont formé contre
» la France, vous ne vous êtes point lié
» avec Elles; je vois par-là *que vous avez*
» *mieux apprécié mes véritables intérêts*, et
» mieux jugé la position de la France, etc....»

Et

Et c'étoit là le Prince qu'on accusoit d'avoir voulu la guerre ! mais il falloit bien, pour le perdre, épuiser contre lui tous les genres de calomnies et abuser, en tous les sens, de la crédulité de la multitude.

On peut le dire abstraitement ; les Chefs Suprêmes des grands Etats, s'ils cessoient d'être inviolables, devroient être jugés par les Nations Etrangères. Les Rois, dans l'ordre moral, ne sont pas des Etres de grandeur naturelle : on ne les apprécie bien qu'à distance.

Les Ambassadeurs d'Angleterre, en présence du Sénat François, auroient pu relever cette vérité et la montrer dans son jour. Mais quel usage sur-tout il leur appartenoit de faire des regrets et des repentirs de leur Nation, au moment où ils auroient rappellé le jugement prononcé contre un de leurs Rois !

Ils auroient encore invoqué l'expérience, pour montrer qu'il est une morale naturelle, qu'il est des opinions impérissables, et dont le fanatisme, avec toute sa force, ne triomphe jamais que par intervalles.

Enfin, les Députés d'une Nation où la faveur publique est essentiellement nécessaire, au Monarque, à ses Ministres et à tous les hommes d'Etat, auroient eu le droit d'indiquer les meilleurs titres à cette faveur, les titres certains, les titres durables ; et ils auroient inspiré peut-être une défiance salutaire aux hommes assez abusés, pour se contenter des applaudissemens instantanés de la multitude et des louanges flottantes d'un Peuple en effervescence.

Je n'entreprendrai point d'indiquer la manière dont les Ambassadeurs Britanniques auroient traité de plus près la cause d'un infortuné Monarque, la manière dont ils auroient pu remplir cette tâche avec mesure et avec convenance.

Essayez, aurois-je aimé dire en terminant, et dans un langage, il est vrai, peu diplomatique, essayez du Gouvernement Républicain, si le vœu de la Nation Françoise vous y convie ; mais ne scellez pas ses commencemens du sang du dernier de vos Rois, du sang d'un Prince environné de l'intérêt universel ; et si vous craignez que sa présence au milieu de vous ne traverse votre nouvelle Constitution, nous vous offrons, au nom de la Nation Angloise, de le garder prisonnier dans notre Isle ; et après avoir reçu sa parole, nous vous serons cautions de sa renonciation absolue à toute connexion politique ; nous vous serons cautions, en présence de l'Europe, qu'il vivra dans la retraite, qu'il vivra parmi nous simple particulier, aussi heureux seulement que nous le pourrons.

Je laisse aller, on le voit, librement ma pensée, car il s'agit ici d'une vaine hypothèse, et pour un tems, hélas ! qui n'est plus. Cette manière est permise. Je finis. On ne peut assurer, il s'en faut bien, qu'une intervention imposante, une Ambassade solemnelle, eussent écarté les poignards déjà levés sur le sein d'une innocente victime : on ne peut être certain que les vœux de la Terre, exprimés par la voix d'une illustre Nation, eussent adouci des cœurs déjà trop endurcis ; mais ces vœux auroient été entendus d'une famille infortunée et ils eussent formé sa dernière consolation. Enfin, lors même qu'une si noble entreprise n'eût pas été couronnée par le succès, la gloire de cette pensée et l'honneur de la tentative fussent restés en leur entier. Les Députés du Peuple Anglois n'auroient pas vu réjaillir sur eux, tous les rayons, tout l'éclat du bonheur ; mais qu'ils eussent paru grands encore, lorsque retournant dans leur pays en habit de deuil, et fiers de l'auguste devoir dont ils venoient de s'acquitter, ils auroient lu dans les regards du plus grand nombre des François cette reconnoissance timide et cette admiration secrète dont la vigilance des tyrans ne peut jamais contenir l'expression !

SECTION VII.

Convention Nationale.

Sa tyrannie et son asservissement.

Les Nations Etrangères et les François eux-mêmes n'apperçurent pas sur-le-champ les diverses conséquences du jugement à mort de l'infortuné Louis XVI. L'horreur du sacrifice et le tendre intérêt qu'inspiroit la victime, pénétrèrent d'une telle émotion les âmes sensibles, que tous les calculs de l'esprit furent suspendus. Les Gouvernemens de l'Europe et les hommes de parti liés à leur politique, conservèrent seuls leur sang-froid ou le reprirent des premiers ; et prévoyant que l'acte solemnel d'injustice et de barbarie dont les Dominateurs de la France venoient de se rendre coupables, exciteroit une indignation universelle, ils saisirent cet événement comme un appel à la vengeance, et leur long ressentiment en jouit peut-être un instant. Mais tandis qu'ils se livroient à ce mouvement irréfléchi, les hommes clair-voyans présageoient les suites funestes de l'esprit inique et du sentiment impitoyable auxquels une Assemblée de Législateurs venoit de se laisser entraîner. Il est dans la carrière des hommes publics, comme dans la vie des particuliers, des actions éclatan-

tes qui décident de toute leur conduite, &
qui la forcent, pour ainsi dire, irrévocablement dans un même sens. Cette idée n'a
pas besoin de développement quand elle
s'applique aux relations ordinaires de la
Société, mais nous avons à la présenter ici
sous un plus grand aspect.

Les hommes qui prononcèrent une sentence de mort contre leur Roi, contre un
Prince si digne de leur respect, ne restèrent
plus les maîtres de faire un choix entre les
divers systêmes d'administration et de politique. Ils furent obligés de se conformer au
caractère éclatant qu'ils s'étoient donnés,
par un acte à jamais mémorable de rigueur
et d'impiété. Ils devinrent les esclaves d'une
seule résolution, d'une seule de leurs volontés, et ils assujettirent, pour ainsi dire,
toute leur vie à un jour et à un moment.
Comment auroient-ils pu se déclarer les
soutiens d'une Législation sage et d'un Gouvernement modéré ? Ils eussent marqué davantage l'usage terrible qu'ils venoient de
faire de leur autorité. Ils avoient besoin de
se continuer dans tous les genres d'exagération, afin de détourner les regards de
l'Europe d'une seule de leurs actions, et
pour s'ôter à eux-mêmes le tems d'y penser
et d'en frémir. Ils devoient aussi multiplier
les alarmes dans l'intérieur de la France,
afin de troubler les esprits ou de les attirer
fortement vers les idées de péril imminent
et de danger personnel. Alors on anima,

on perpétua la croyance aux complots des Aristocrates ; on entretint journellement le Peuple des précipices ouverts sous ses pieds, on le frappa de terreur ; et pour mettre le comble à la combustion, on déclara la guerre à toute l'Europe.

Enfin, en marquant par un horrible sacrifice le passage de la Monarchie à la République, comment pouvoit-on associer la morale aux nouvelles combinaisons politiques ? On se trouvoit comme forcé de discréditer toutes les vieilles maximes, et l'on devoit considérer les sentimens de justice et de générosité comme autant d'accusateurs secrets. On s'effrayoit bien davantage encore de la Religion et de ses avertissemens, et l'on auroit voulu pouvoir anéantir en un jour son empire sur les consciences. Ainsi l'on n'osa plus invoquer l'assistance d'aucune vertu ; l'on n'osa plus croire à l'estime et au respect, et l'on n'osa plus se fier à aucun des liens qui avoient enceint dans tous les tems l'édifice des loix sociales et qui en avoient garanti la solidité. Que restoit-il donc, si non pour gouverner, du moins pour réunir ou pour entraîner une masse de vingt-cinq millions d'hommes ? Il restoit le fanatisme, la guerre et la tyrannie ; le fanatisme, qui soumet aveuglément les hommes à une seule idée ; la guerre, qui les attire vers un seul intérêt ; la tyrannie, qui les resserre dans une seule émotion en les pénétrant d'épouvante.

Nous avons tous vu l'usage qu'on a su faire de ces grands et vastes moyens, et comment ils ont remplacé l'empire des loix et l'action régulière du Gouvernement. Etoit-ce là ce qu'avoit espéré la France ? Etoit-ce là ce qu'on devoit attendre d'une Assemblée de Législateurs ? Suivons, mais à grands pas, les sillons tracés par quelques hommes dont la célébrité a coûté tant de larmes, et qui, dépositaires infidèles d'une portion de l'Autorité Nationale, seront inscrits des premiers dans la nomenclature des Tyrans. Ce sont des taches de sang qui nous serviront de guides ; et les trophées du crime, les autels dévoués aux furies, seront les Pierres numéraires qui marqueront notre route.

Le Procès du Roi avoit donné une couleur décidée aux deux partis qui divisoient déjà la Convention Nationale : l'un se composa des Membres de cette Assemblée, qui, avec une férocité véhémente ou avec un calme encore plus terrible, s'étoient prononcés pour la mort aux différens tours de suffrages. L'autre parti rassembla les Députés qui, après avoir déclaré le Roi coupable, parurent vouloir sauver sa vie en demandant l'appel au Peuple. Ils furent considérés par leurs adversaires comme des hommes suspects de moralité et de mauvais compagnons. C'étoit une condamnation cependant dont ils auroient pu se croire à l'abri, lorsque la plupart d'entr'eux, Membres de l'Assemblée Législative, provoquoient la journée du 20 Juin, la Journée du 10 Août et la déchéance du Roi; lorsqu'ils cherchoient à tromper le Peuple, lorsqu'ils préparoient son aveugle fureur, lorsqu'ils poursuivoient à outrance les Emigrés et les Prêtres, et lorsqu'ils montrèrent tant d'indulgence pour les inventeurs de la glacière d'Avignon et pour le célèbre Jourdan, le plus grand scélérat de ce tems-là. Qu'on lise les débats de l'Assemblée Législative; qu'on lise les feuilles périodiques composées par deux des principaux Députés, Brissot et Condorcet, et l'on jugera si leur parti pouvoit alors s'attendre à être un jour persécuté pour ses délicatesses de sentiment. Mais l'échelle montante des forfaits et des crimes émanés de la Révolution, a établi des reproches graduels qui se sont métamorphosés en mérites de comparaison, et la plupart de ces mérites, s'ils eussent été seuls et sans parallèle, n'auroient pu recueillir aucune louange, bien moins encore aucun tribut d'estime.

Quoi qu'il en soit, les hommes dont le cruel suffrage avoit conduit Louis XVI à l'échafaud, ne purent supporter les regards et les discours de cette partie de leurs collègues qui avoient montré de la justice, quelquefois même de la bonté, ou qui simplement s'étoient arrêtés devant un dernier attentat. Ils ne songèrent plus qu'à les perdre dans l'opinion du Peuple, et ils avoient

(201)

de grands moyens pour y parvenir, à cause
de leur alliance avec les Jacobins et avec
les Chefs de la Municipalité de Paris. Ils
donnèrent à leurs antagonistes le nom de
Modérés, le nom d'Hommes d'Etat, et ils
leur reprochèrent, de marcher en biaisant
dans la révolution et d'être dépourvus de
cette énergie qui sacrifie tout à la Patrie.
Ils firent tonner contr'eux les Journalistes
les plus hardis ; ils les mirent aux prises
avec un Marat, avec un Hébert, devenus
les idoles de quelques fanatiques ou d'une
multitude ignorante; et se servant encore
à propos de la défection du Général Dumouriez pour leur imputer des relations suspectes, ils ameutèrent les Sections de Paris,
ils les firent parler, et après avoir manié
dans tous les sens l'arme du mensonge et
de la calomnie, ils ourdirent une dernière
intrigue et préparèrent cette fameuse journée du 31 Mai 1793, où le Peuple en armes
vint demander l'arrestation et le jugement
de vingt-six Membres de la Convention
Nationale et en obtint le sacrifice. Ils étoient
presque tous distingués par leurs talens, et
ils se trouvoient alors à la tête du parti le
plus sage, le plus éloigné des mesures violentes et tyranniques ; mais en grande partie
ils étoient ces mêmes Députés, qui, dans
l'Assemblée Législative en possession du crédit
populaire, avoient renversé la Constitutio n
Monarchique de 1791. Ils avoient préparé,
décidé la journée du 10 Août et les pré-

I 5

cédentes. Chose remarquable, très-remar-
quable dans l'ordre moral ; ils succombèrent
en 1793 sous les mêmes coups et par les
mêmes manœuvres, les mêmes armes offen-
sives dont ils avoient fait usage en 1792
pour perdre Louis XVI et pour déterminer
sa déchéance.

Ces vingt-six Députés, désignés pour victimes, ne furent pas tous arrêtés, plusieurs
s'enfuirent ; mais poursuivis dans leurs retraites, ils n'échappèrent qu'en petit nombre
à leur malheureuse destinée, et les autres
périrent ensemble sur l'échafaud le 31 Octobre 1793.

Ce parti, vainqueur en 1792 et vaincu
l'année suivante, fut long-tems désigné sous
le nom de *la Gironde*, parce qu'il avoit à
sa tête plusieurs hommes d'esprit élus Députés par ce Département. Les proscriptions
s'étendirent plus loin, et soixante et treize
Députés ayant honorablement protesté contre la violence exercée envers la Convention
Nationale à cette époque du 31 Mai, un
Décret d'arrestation fut lancé contr'eux,
et ils sont restés en prison jusques à la
révolution de 1794; heureux d'avoir échappé
au fer assassin qui s'est promené pendant
leur captivité sur tant d'innocentes victimes.

LES principaux Chefs du Parti Modéré,
une fois écartés de la Convention Nationale, les hommes violens n'eurent plus au

cune opposition à craindre. Ils crurent cependant, avant de se livrer sans réserve à leur despotisme, devoir présenter à la Nation un simulacre de liberté, et ils se hâtèrent de consacrer, par leur assentiment, une Constitution Républicaine où le Peuple sembloit appelé à la Législation et où l'on flattoit en paroles toutes ses passions. Le projet avoit été composé précipitamment; il fut approuvé de même par une Convention déjà docile à ses Maîtres. On convoqua les différentes Assemblées Primaires de la France, pour leur en donner connoissance et pour obtenir leur sanction. Elles n'eurent garde de la refuser : une seule lecture leur suffit à toutes, et malheur à celui qui n'auroit pas trouvé l'ouvrage admirable. Voilà votre liberté assurée, dit-on à ce Peuple enfant et crédule qui vit de contes et d'espérances. Oui! oui! s'écria-t-il, vive la Convention! et sur-le-champ, toujours pour son bien et pour son avantage, les mêmes Législateurs substituèrent à cette Constitution Républicaine, le Gouvernement le plus arbitraire et le plus tyrannique dont jamais les Annales de l'Afrique et de l'Asie aient transmis le modéle ou présenté l'exemple, et l'on revêtit ce Gouvernement d'un nom pris dans la langue nouvelle, du mot inconnu de *Révolutionnaire.* On fut content encore, du moins on le parut; car au milieu des emprisonnemens, des espionnages, des jugemens sans forme, au milieu de tous les caprices d'une autorité absolue, on célébroit encore les charmes de la liberté. C'étoit toujours pour en imposer aux ennemis de la République que l'on adoptoit les mesures les plus violentes ; et parmi les hommes en pouvoir, jamais il ne vint à l'esprit de personne d'examiner, si ce n'étoit pas aussi un moyen de consolider un Gouvernement que d'en faire aimer les loix et d'y répandre un esprit de moralité ; si ce n'étoit pas encore un moyen d'atteindre à ce but, que d'inspirer, non pas toujours de la crainte, mais aussi de l'estime et du respect pour les Dépositaires de l'Autorité. Mais quand on est une fois jeté dans une route, souvent les premiers pas décident des seconds et forcent impérieusement votre marche. Le moment arrive ensuite où l'on se trouve engagé dans une opinion et dans un caractère par tous les liens de l'amour-propre et de la vanité, et l'on ne sait plus comment rétrograder.

C'est ainsi que j'essaierois d'excuser les grandes fautes des hommes publics si j'y étois obligé ; mais quand ils renversent jusques aux barrières de la morale et de la Religion, quand ils foulent aux pieds les loix de la nature et de l'humanité, quand ils font servir leur puissance à la violation des plus saints devoirs et leur politique à en effacer la trace, ils deviennent alors étrangers à nos conceptions, et l'on ne peut plus se servir des notions acquises par l'ex-

périence pour les expliquer et pour les dé-
finir.

C'est parmi des Etres d'une semblable
trempe qu'on a vu s'élever au-dessus de tous,
dirai-je l'homme ou le monstre, qui, par
l'atrocité de son ame et de ses forfaits, a
presque fait à lui seul une des époques de
la Révolution.

Il se crut appelé à gouverner la France,
parce qu'il avoit le génie du crime, parce
qu'il avoit la fixité de vue que donne un seul
intérêt, et la liberté d'action qui naît d'un
caractère inaccessible à toute espèce d'affection et de pitié. Il avoit divisé le Monde
vivant en deux parts, lui et l'espèce humaine;
et dévoré d'orgueil, tout entier à son ambition, pour avancer d'un degré sa puissance, il auroit frappé du même coup ses
ennemis et ses amis, et il n'eût épargné que
ses admirateurs.

Louis XII, lorsqu'il monta sur le Trône,
se fit présenter la liste de toutes les personnes attachées à la Cour, et il marqua
d'une croix les noms de ses ennemis : on
trembla ; mais il dit que ce signe des Chré-
tiens annonçoit son pardon et l'entier oubli
des injures qu'il avoit reçues étant Duc
d'Orléans. Le praticien d'Arras, maître absolu de la France pendant quinze mois, se
servit du même symbole, mais pour indiquer la veille les victimes du lendemain.

Il lui arrivoit aussi d'effacer d'un léger

trait le nom des personnes dont la mort ne lui convenoit pas encore. Ainsi tranquille-ment et d'un coup de crayon il désignoit les rangs dans ses abominables sacrifices.

Il avoit été l'inventeur de l'exécrable et fameuse journée du 2 Septembre ; mais là les bourreaux étoient juges et les juges bour-reaux ; ainsi les arrêts de mort pouvoient être suspendus par l'ennui de tuer et par la lassitude. Il perfectionna son art sangui-naire, lorsqu'il sépara les deux fonctions, lorsqu'il affranchit les juges et les jurés de la nécessité d'exécuter eux-mêmes leurs sentences, et lorsqu'il restreignit leur tâche à l'obligation de condamner les prisonniers sans les entendre, à l'obligation de les vouer à la mort par appel nominal et sur la sim-ple lecture d'une liste scellée par le Roi tigre et par ses Ministres. Personne jusques à présent n'a fait connoître les arrière-se-crets de ce tyran sans modèle ; personne n'a dévoilé les sombres combinaisons de son esprit ; ainsi le système de son ambition, le terme de ses espérances, sont restés dans le vague ; et peut-être importe-t-il à l'hon-neur de l'humanité de le considérer comme un être hors de la nature, et avec lequel, même par l'étude et par l'observation, on ne peut avoir aucun rapport.

On voit en général que Robespierre avoit apprécié de bonne heure la puissance de la multitude à une époque où la Société sembloit ramenée à ses commencemens, par l'affoiblissement des autorités régulières et par la disparution de toutes les supériorités conventionnelles. Il avoit aussi remarqué des premiers, que pour rester en crédit auprès des dernières classes du Peuple, il falloit dans toute espèce de système aller toujours au plus loin. On ne peut entraîner que par excès les hommes dénués d'éducation; et comme leur esprit est inhabile à saisir aucune nuance, la modération, la retenue, leur paroissent suspectes, et la distinction des tems et des circonstances se présente à leurs regards, ou comme une trahison ou comme un repentir. Ainsi, les Chefs du Parti Républicain dans l'Assemblée Législative, le Maire de Paris et les Officiers Municipaux de ce tems-là conservèrent une grande autorité sur le Peuple tant qu'ils l'animèrent contre la Cour, tant qu'ils l'excitèrent à une insurrection contre le Monarque et contre la Royauté; mais lorsqu'ils voulurent, immédiatement après l'adoption du Gouvernement Républicain, le ramener aux idées d'ordre et de subordination; lorsqu'ils lui demandèrent de passer rapidement de son état de convulsion à un sentiment de respect pour les loix, ils perdirent tout leur ascendant, et d'autres Chefs Démocrates tournèrent contr'eux l'esprit d'effervescence et d'irritation dont ils avoient été les promoteurs. Ils se plaignirent d'être abandonnés par la grande masse des citoyens amis constans de la justice et de l'harmonie sociale;

mais on ne présageoit pas les nouvelles fureurs dont on a vu l'explosion, et l'on ne pouvoit ni estimer ni aimer les hommes, qui avoient employé les moyens les plus condamnables, pour renverser une Constitution que la Nation entière avoit juré d'observer et de maintenir.

Robespierre calcula fort bien la position de ces fondateurs de la République ; et comme son orgueil ne pouvoit supporter le rang qu'ils s'adjugeoient dans la Révolution, il mit tout en usage pour les écarter de sa route et pour s'emparer de l'autorité première. Mais une fois parvenu au faîte du crédit, une fois en jouissance de tout le pouvoir dont le Peuple investit ses héros dans un tems de trouble, il n'eut garde de laisser à personne l'espoir de l'emporter sur lui dans la carrière du crime ; et à part le petit nombre d'hommes qu'il jugea dignes d'être ses co-associés, il découragea l'ambition de tous les scélérats de son espèce, et il les contraignit à se tenir au second rang, à n'être que des garçons assassins et incendiaires, ou de simples Commissaires du Démon.

L'épouvante devint générale, et Robespierre avec les siens marcha sur les traces des tyrans et les dépassa tous. Il n'y eut d'original dans sa situation que l'obligation où il se trouvoit d'avoir pour complices de ses actions ou de ses principes, non pas seulement un Comité dominateur dont il étoit l'ame et le mouvement, mais une Assemblée de Législateurs, une Assemblée de sept cents Députés, Représentans de la Nation. Il avoit besoin d'elle pour toutes les institutions fondatrices du despotisme et de la tyrannie : il falloit tour-à-tour l'intimider, la tromper, la séduire ; il falloit la pénétrer habituellement de défiance, et quelquefois lui rendre le calme après l'avoir mise en alarme ; il falloit lui montrer du respect quand elle étoit docile, du mépris quand elle témoignoit une disposition à la résistance ; enfin il falloit jouer d'elle habilement, afin d'en imposer à la Nation, afin de conserver le rôle de serviteur de la loi, en violant tous les principes de justice, et l'apparence hypocrite d'une obéissance à la volonté générale, en dominant tous les suffrages et en asservissant toutes les voix.

Le Tyran étoit profond dans tous les genres de dissimulation ; mais comme s'il eût craint de paroître moins redoutable, en faisant lui-même un trop fréquent usage de l'artifice, il avoit confié l'exercice courant de la parole à l'un de ses acolytes nommé Barrère, homme remarquable par une grande souplesse de langage, et qui avoit pour mission, en haranguant l'Assemblée, de mêler, de confondre ensemble le vice et la vertu, le mensonge et la vérité. Il se fût chargé de trouver des affinités entre les actions de Tibère et les pensées de Marc-Aurèle ; et lui comme son maître, son maître comme lui invoquoient la liberté pour favoriser le despotisme, et la morale universelle pour excuser tous les actes d'injustice et de barbarie. Non, jamais tant d'hypocrisie dans le discours, tant de perfidie dans le raisonnement, ne servirent d'accompagnement à tant de crimes.

Chaque jour cependant on accroissoit le Pouvoir d'un Comité dont Robespierre s'étoit rendu le maître par son caractère et par son crédit populaire ; il étoit composé de douze Membres et portoit le nom mensonger de *Salut Public* ; il déplaçoit à son gré toutes les Autorités subalternes ; il en créoit de nouvelles ; il envoyoit des Commissaires dans les Provinces ; il disposoit des Finances par des mandats secrets, et tous les Pouvoirs s'étoient cumulés dans ses mains. On avoit dit, au moment de l'institution de ce Comité, que les personnes seroient renouvellées tous les mois ; mais on n'osa jamais le faire, et la Convention Nationale scelloit à chaque époque la continuation du règne de ses maîtres.

Ils eurent besoin de tems à autre de l'intervention du Législateur, pour consacrer authentiquement les grandes dispositions nécessaires au libre exercice de leur despotisme et pour s'enhardir dans le crime ; mais ils calculèrent fort bien, qu'avec deux loix tyranniques ils pourroient, s'ils le vouloient, faire périr toute la France.

L'une de ces deux loix étoit le fameux

Décret *pour l'arrestation des gens suspects*; l'autre *pour juger à mort les ennemis du Peuple.*

Ces deux Décrets sont fort étendus, et e me bornerai à en rappeller les principaux traits. Le premier déclare suspects, d'abord : « Tous les ci-devant Nobles, ensemble les » maris, pères, mères, *fils et filles*, frères » ou sœurs et agens d'Émigrés, qui n'ont » pas *constamment* manifesté leur attache- » ment à la Révolution. »

Ensuite : « Toutes les personnes qui, » non-seulement par leur conduite, mais » encore *par leurs relations et par leurs* » *propos*, se sont montrés les ennemis de » la liberté. »

Les ennemis d'un principe abstrait et les ennemis *par des relations et par des propos.* Quel cercle ne pouvoit pas être tracé par une telle désignation !

Enfin, l'article destiné à une tyrannie sans bornes et sans limites étoit celui-ci : *Sont déclarés suspects*, disoit la loi, *ceux à qui il a été refusé des certificats de civisme.*

Or il étoit connu que la concession ou le refus de ces certificats, dépendoient de la volonté libre des Comités Révolution- naires et des Sociétés des Jacobins (1).

____

(1) Décret rendu à la séance du 20 Septembre 1793.

« La Convention Nationale, après avoir entendu » son Comité de Salut Public, décrète :

» Les certificats de civisme accordés par les Mu-

Etoit-il un homme vertueux, un homme paisible qui pût échapper à une inquisition si vaguement et si artificieusement motivée. Que dis-je ? un Ange descendu sur la Terre eût été le premier des suspects. Et pourquoi non ? C'étoient les Démons qui donnoient l'ordre et figuroient les signalemens.

Cependant le Législateur, par des décisions particulières, ajouta de nouveaux traits à sa première description des gens suspects, et un Député, dans un discours prononcé à la tribune, a dit que les articles supplémentaires se montoient à vingt et un ; mais je ne les trouve qu'en partie dans le Journal des séances. J'ai bien vu qu'on avoit proposé de déclarer suspects tous les Nouvellistes sans distinction, et aussi les hommes qui se serviroient du mot *vous*, excepté cependant (quelle bonté !) *quand on parleroit à plusieurs personnes* ; mais ces propositions et d'autres encore, la plupart applaudies, ne m'ont pas paru avoir été converties en loix. Qu'importe, et le croira-t-on ? ce n'étoit pas uniquement sur la des-

---

» nicipalités et Conseils Généraux des Communes,
» et visés par les Départemens et les Districts , et
» ceux qui le seront à l'avenir seront *revisés* par
» les Comités de Surveillance et de Salut Public,
» établis dans les différentes villes de la République,
» et à défaut par un Comité établi *ad hoc*, com-
» posé de six Membres *pris dans les Sociétés po-*
» *pulaires*, à peine de nullité. »

ription du Comité Suprême que l'on arrê-
toit, que l'on privoit de leur liberté les plus
honnêtes citoyens ; chacun des Commissaires de ce Gouvernement impie avoit son
interprétation particulière, du mot *suspect*,
et lorsqu'ils arrivoient dans les Départemens,
ils commandoient, ils provoquoient les emprisonnemens, sans autre guide que les
caprices de leur imagination ombrageuse.
Plusieurs même convertissant en systéme la
férocité de leur caractère, n'ont pas craint
de déposer par écrit et d'accompagner de
raisonnemens les instructions qu'ils transmet-
toient à leurs Subdélégués. C'étoit autant
de supplémens d'oppression. Donnons - en
l'idée par un seul exemple, choisi entre
beaucoup d'autres d'un genre à - peu - près
semblable. C'est Collot d'Herbois et son
collègue qui parlent. Ils étoient Proconsuls
à Lyon, et ils s'adressent, sous le nom de
Commission temporaire, aux Autorités Cons-
tituées de Rhône et Loire, aux Municipa-
lités, aux Comités Révolutionnaires et aux
Sociétés populaires. Voici leur langage véritablement remarquable :

« La Commission engage chacune des
» Sociétés, chacun des individus qui liront
» cette instruction, à se pénétrer de l'esprit
» qui l'a dictée ; mais elle les avertit en
» même temps, qu'en leur indiquant le but
» où ils doivent tendre, elle n'entend pas
» leur prescrire les bornes où ils doivent

» s'arrêter. Tout est permis pour ceux qui
» agissent dans le sens de la Révolution ;
» il n'y a d'autre danger pour les Républi-
» cains que de rester en arrière des lois de
» la République ; quiconque les prévient,
» les devance, quiconque même outre-passe,
» en apparence, le but, souvent n'y sont
» pas encore arrivés.

» Qu'est-il besoin de vous en dire da-
» vantage ? Si vous êtes Patriotes, vous
» saurez distinguer vos amis ; vous séques-
» trerez tous les autres. Vous ne serez pas
» assez imbécilles pour regarder comme des
» actes de patriotisme, quelques actions
» forcées et extérieures, par lesquelles les
» traîtres ont souvent cherché à vous mieux
» abuser. Voici le langage que la plupart
» d'entr'eux vous tiendront : Mais qu'a-t-on
» à nous reprocher ? nous nous sommes tou-
» jours bien montrés ; nous avons fait notre
» service dans la garde nationale ; nous
» avons payé toutes nos contributions ; nous
» avons déposé des offrandes sur l'autel de
» la Patrie ; nous avons même envoyé nos
» enfans à la défense des frontières ; qu'exi-
» ge-t-on, que veut-on encore de nous ?
» --- Vous leur répondrez : Peu nous im-
» porte...... Vous n'avez jamais aimé le
» peuple, vous avez traité l'égalité de chi-
» mère, vous avez osé sourire à la déno-
» mination de Sans-culotte ; vous avez eu
» du superflu à côté de vos frères qui mou-
» roient de faim, et vous n'êtes pas dignes

» de faire société avec eux, et puisque vous
» avez dédaigné de faire siéger les Sans-
» culottes à votre table, ils vous vomissent
» éternellement de leur sein , et vous con-
» damnent à votre tour à porter les fers, etc.

» Républicains ! voilà vos devoirs ; qu'au-
» cune considération ne vous arrête, ni
» l'âge, ni le sexe, ni la parenté ne doi-
» vent vous retenir ; agissez sans crainte,
» ne respectez que les Sans-culottes.... Rien
» ne peut vous dispenser d'établir promp-
» tement une taxe révolutionnaire sur les
» riches ; il ne faut point ici d'exemption :
» tout homme qui est au-dessus du besoin,
» doit concourir à ces secours extraordi-
» naires.... Ainsi vous devez commencer par
» déterminer d'une manière grande et vrai-
» ment révolutionnaire, la somme que cha-
» que individu doit mettre en commun pour
» la chose publique. --- Il ne s'agit pas ici
» d'exactitude mathématique, ni de ce scru-
» pule timoré avec lequel on doit travailler
» dans la répartition des contributions pu-
» bliques...... Agissez donc en grand, prenez
» tout ce qu'un citoyen a d'inutile, car le
» superflu est une violation évidente et gra-
» tuite des droits du Peuple. Tout homme
» qui a au-delà de ses besoins ne peut pas
» user, il ne peut qu'abuser ; ainsi, en lui
» laissant ce qui lui est strictement néces-
» saire, tout le reste appartient à la Répu-
» blique et à ses Membres infortunés.

» Il y a des gens qui ont des amas ridi-

» cules de draps, de chemises, de serviettes
» et de souliers; tous ces objets et autres
» semblables, sont de droit la matière de
» réquisitions révolutionnaires. De quel droit
» un homme garderoit-il dans ses armoi-
» res des meubles, des vêtemens superflus?
» Il est encore une matière précieuse à
» requérir; ce sont ces métaux vils et cor-
» rupteurs que dédaigne le Républicain. Le
» Républicain ne doit connoître que le
» fer.... Qu'ainsi à votre voix tous ces mé-
» taux s'écoulent dans le Trésor-National...
» De l'acier, du fer, et la République sera
» triomphante.

» Républicains! en vous traçant rapide-
» ment cet apperçu de vos devoirs, la Com-
» mission temporaire n'a pu, ni prétendu
» vous dire tout : il est des choses qu'on
» ne peut qu'indiquer, mais qui sont saisies
» par l'œil pénétrant du patriotisme, et dont
» il sait bien faire son profit.... Nous vous
» jurons que nos regards ne s'écarteront pas
» un instant de dessus vous, que nous em-
» ploierons avec sévérité toute l'autorité qui
» nous est déléguée, et que nous punirons
» comme perfidie tout ce que, dans d'au-
» tres circonstances, vous auriez pu appe-
» ler lenteur, foiblesse ou négligence. Le
» tems des demi-mesures et des tergiver-
» sations est passé. Aidez-nous à frapper
» les grands coups, ou vous seriez les pre-
» miers à les supporter. La liberté ou la
» mort, réfléchissez et choisissez. »

Doit-on

Doit-on s'étonner si avec de telles instructions, avec les loix vagues de la Convention, avec les interprétations de ses Comités,
la France ait manqué de prisons pour contenir tous les infortunés enveloppés dans la
proscription des *gens suspects* ; et selon
l'expression d'un homme d'esprit, *des gens
suspects d'être suspects.*

VOYONS maintenant le sort que l'on
destine à cette multitude innombrable de
citoyens arrêtés, incarcérés, aux termes
d'une proscription si barbare.

Un Tribunal est élevé qui doit juger à
lui seul et sans appel tous les individus dont
l'envoi lui sera fait par le Comité de Salut
Public, et par le Comité de Surveillance,
et par tous les Comités révolutionnaires dont
la France est couverte. Enfin lui-même a la
faculté d'accuser qui bon lui semble, en se
concertant avec le Roi des assassins ou avec
ses premiers Ministres. Les Jurés et les Pré-
sidens du Tribunal sont choisis parmi les
hommes du civisme le plus éprouvé, et ce
civisme doit être reconnu à une brutalité
sans ménagement, à une férocité sans mesure et à d'autres symptomes également
effrayans. On divise ces Jurés en différentes
Sections, afin que les travaux meurtriers
marchent plus rapidement ; et quand on a
besoin d'une dureté sans égale et d'une sorte
d'extrait de fureur capable de l'emporter
sur toute espèce de considération, on com-

pose, pour cette circonstance, une Section dont les Membres, véritables Grenadiers infernaux, sont triés un à un dans toutes les autres Sections. C'étoit le talent particulier de Robespierre et de son Linx, un nommé Fouquier-Tinville, Accusateur public. Enfin l'attirail du Tribunal sanguinaire est complet. Voilà des Jurés, voilà des Juges disposés à condamner à la mort qui l'on voudra. Leur conscience n'est point difficile, leur conscience n'est point querelleuse, mais il faut à leur sûreté personnelle une sorte de garantie; et Robespierre alors, Robespierre et les siens demandent à la Convention Nationale la loi terrible du 22 Prairial (10 Juin 1794), cette loi digne de prendre rang parmi les actes de la plus abominable tyrannie, digne d'être accolée à la loi sur les gens suspects et qui la dépasse en scélératesse. On y dévoue à l'échafaud, et sous le nom d'ennemis du Peuple, tous les citoyens que les tyrans voudront marquer de leur croix homicide ; et les Législateurs eux-mêmes donnent à cette expression vague d'*Ennemis du Peuple* une application indéfinie.

Il faudroit la transcrire en entier cette loi; mais à cause de sa prolixité, je vais seulement indiquer les dispositions dont on s'est servi pour atteindre aux actions les plus innocentes, et pour faire périr sur l'échafaud tant de citoyens irréprochables. On y lit :

« La peine portée contre tous les délits
» dont la connoissance appartient au Tri-
» bunal Révolutionnaire, *est la mort.*

» Le Tribunal Révolutionnaire est ins-
» titué pour punir les *Ennemis du Peuple.*

» Les ennemis du Peuple sont ceux,

» Qui cherchent à anéantir la liberté *par*
» *la force et par la ruse,*

» Qui auront *favorisé* l'impunité de l'Aris-
» tocratie,

» Qui auront *calomnié* le Patriotisme,

» Qui cherchent à *avilir le Tribunal*
» *Révolutionnaire.*

» Qui cherchent à *altérer la pureté* des
» principes révolutionnaires, etc, etc.... »

Avilir le Tribunal Révolutionnaire! Altérer *la pureté* des principes révolutionnaires!

Pouvoit - on pardonner un si honteux
projet ?

Et à ces idées confuses on ajoute encore
tous les mots vagues qui peuvent former
des élémens d'accusation aussi extensibles
que les nuages. Qu'eût pu faire de mieux
Satan, le malin Satan, pour décrire un sujet
de vengeance, que de mettre et combiner
ensemble astucieusement les mots, les cinq
mots dont la phrase suivante est composée :
*Chercher à altérer la pureté des principes
révolutionnaires.*

Chercher est vague, *altérer* est vague,
la pureté est vague, *les principes* sont vagues, et *les principes révolutionnaires* le
sont encore davantage.

Quelles conditions de mort ! Quel langage pour des Législateurs !

On veut cependant donner aux Juges, aux Jurés, la plus parfaite aisance, et voici ce que prescrit la même loi du 22 *Prairial*, composée en *Floréal* ; cette loi de destruction, si doucement réunie à des époques *printanières*.

« La preuve nécessaire pour condamner
» les Ennemis du Peuple est toute espèce
» de document, soit matériel, soit *moral*,
» soit *verbal*, soit écrit, qui peut *naturel-*
» *lement* obtenir l'assentiment de tout esprit
» juste et raisonnable. La règle des juge-
» mens est la *conscience* des Jurés éclairés
» par l'amour de la Patrie ; *leur but, le*
» *triomphe de la République et la ruine de*
» *ses ennemis.....*

» S'il existe des preuves, soit matériel-
» les, soit morales, indépendamment de la
» preuve testimoniale, *il ne sera point en-*
» *tendu de témoins*, à moins que cette for-
» malité ne paroisse nécessaire, soit pour dé-
» couvrir des complices, soit pour d'autres
» considérations majeures d'intérêt public. »

Enfin on veut que, pour remplir les vues homicides de la loi, tous les François deviennent à l'envi des Huissiers, des Sergens et des Accusateurs. L'Article dit : « Tout
» citoyen a le droit de saisir et de traduire
» devant les Magistrats les conspirateurs et
» les contre-révolutionnaires. Il est tenu de
» les dénoncer dès qu'il les connoît. »

Que restoit-il encore à faire pour compléter le systême d'une tyrannie sanguinaire? Enlever aux accusés leurs Avocats et leurs Défenseurs ; les abandonner à eux-mêmes dans leur frayeur ; les exposer aux hasards de leur incapacité, de leur foiblesse morale ou physique ; et c'est ainsi que l'œuvre d'oppression fut couronnée ; mais comme si l'on eût conservé une sorte de honte de ce dernier trait de barbarie, l'article fut rédigé d'une manière contournée. « La loi (est-il » dit) donne pour Défenseurs aux Patriotes » calomniés, des Jurés patriotes ; elle n'en » accorde point aux Conspirateurs. »

Quelles expressions ! Pouvoit-on comprendre d'abord que ces Jurés Patriotes, institués pour Défenseurs, étoient les Jurés *de jugement* eux-mêmes et les Jurés du choix de Robespierre : c'étoit mettre la Victime sous la protection du Bourreau. On vouloit annoncer, par cet article, que les uns étoient absous, les autres condamnés à l'avance ; mais c'étoit précisément pour aider un accusé à se faire rayer de la liste fatale, qu'il avoit besoin d'un Défenseur. O perfection des perfections, en tous les genres de vexations hypocrites et meurtrières ! Jamais on ne fera mieux.

Voudra-t-on croire un jour, qu'un ensemble de dispositions si perfidement, si cruellement combinées, soit sorti des mains d'une Assemblée de Législateurs, d'une réunion d'hommes se disant les Représentans d'une

Nation civilisée ? Quelle infidélité ! quel
acte de trahison, s'ils avoient été nommés
par cette Nation pour travailler à son bonheur et pour ajouter à sa gloire ! C'est de
leurs mains que fut brisé l'acte de sûreté
personnelle garanti par les loix sociales, et
c'est eux qui renversèrent les salutaires barrières dont Robespierre et ses complices
mesuroient encore la hauteur.

On vit alors ces Rois brigands et leurs
satellites, tenant d'une main la loi *sur les
gens suspects*, de l'autre la loi *sur les ennemis du Peuple*, multiplier sans obstacle
leurs vengeances et leurs proscriptions. Il
n'y eut plus d'asyle contre l'oppression, plus
de retraite ouverte à l'innocence, plus de
tranquillité pour personne. L'Histoire recu-
lera d'épouvante, lorsqu'elle entreprendra
de rassembler tous les forfaits dont un seul
homme composa le systême et dirigea l'exécution ; et je doute qu'elle veuille s'abaisser
à dessiner les plis et les replis tortueux de
ce Dragon écumant de rage et dont les
regards étoient mortels. Cent mille individus, de tout sexe et de tout âge, furent
jetés dans les prisons et livrés à l'autorité
d'un Geolier Jacobin, qui insultoit à leur
malheur et s'étudioit à l'accroître par les trai-
temens les plus barbares. On avoit institué
une Armée intérieure, à laquelle on fit part
du nom glorieux de *Révolutionnaire*, de ce
nom terrible, qui imposoit l'obligation de
tout changer selon son pouvoir, l'obligation

première d'altérer les principes de justice et de morale, de bouleverser les propriétés, et de faire passer de la vie à la mort les hommes qu'on pouvoit suspecter d'être attachés à leur situation présente. Cette Armée, composée d'un ramas de brigands, devoit soutenir la dictature des Proconsuls de la Convention Nationale ; mais elle avoit aussi son Autorité particulière, et elle s'en servit pour exercer tous les genres de violence et de rapine. Chacun fuyoit devant elle; mais en avant ou à sa suite marchoient paisiblement les insolens Satrapes qui, sous le nom de Représentans du Peuple, vinrent établir leur domination dans plusieurs Départemens, y semant la terreur, et s'efforçant d'obtenir du premier Chef de la tyrannie un regard plus ou moins propice, selon qu'ils s'éloignoient ou se rapprochoient du dernier terme de la férocité. Ils méritèrent beaucoup de lui, car ils passèrent en barbarie tous les modèles connus. Ils accueillirent les dénonciations les plus absurdes et les plus calomnieuses ; ils les excitoient même, et souvent ils préparoient frauduleusement le prétexte d'une accusation, en faisant insulter par leurs esclaves quelques-uns des symboles de la Liberté et en rendant responsable une Commune entière de tous les désordres dont on ignoroit les auteurs. Jamais il n'y eut d'imagination plus féconde en scélératesse. Le nombre des prisonniers

K 4

formoit le seul embarras ; mais les Juges et les Bourreaux étoient appelés pour faire place, et de nouveaux captifs venoient remplir les vuides que des Tribunaux sanguinaires se hâtoient de procurer. *Tout va bien maintenant*, écrivoient d'abominables Proconsuls lorsque ce mouvement cadencé d'emprisonnemens et d'assassinats étoit parfaitement établi. Et quelquefois pourtant, la faulx de la mort ne frappant pas assez vîte au gré de leur impatience, on les vit s'énorgueillir des inventions qui pouvoient accélérer ou multiplier son action. Ici les eaux de la Loire deviennent les abîmes où l'on précipite des milliers de victimes. Les ondes du fleuve parurent des flots de sang ; l'Océan les reçut avec étonnement, et les animaux immondes qui s'en abreuvèrent célébroient seuls Carrier ; Robespierre et ses compagnons (1). Ailleurs ce sont les éclats de la foudre que l'on s'efforce d'imiter, afin de renverser à la fois des rangs entiers de proscrits enchaînés les uns aux autres : c'est le fils avec le père, la jeune fille avec sa mère éplorée, et la tendre épouse avec l'ami de son cœur et le compagnon de sa vie. Une fois et après l'explosion de tant de tonnerres meurtriers, les Agens d'une Autorité féroce s'avancent

---

(1) Carrier, étoit le nom du Député Proconsul dans le Pays Nantois.

au milieu des victimes dont la terre est jon-
chée, et ils crient à haute voix, mais avec
un accent perfide : *Si quelqu'un parmi vous
vit encore, qu'il le fasse connoître.* Un petit
nombre d'infortunés entendent cet appel,
et dans la confusion de leurs sens, ils croient
aveuglément à un retour de pitié, et repris
un instant par l'espérance, ils font un effort
pour se relever ; mais aussi-tôt ils retom-
bent sous les coups des Bourreaux qui
épioient leur dernier mouvement. Ainsi mou-
rans et près de la rive où ils devoient ap-
partenir à un nouveau Maître, à un nouveau
Juge et le plus puissant de tous, leurs assassins vont les saisir et les frapper encore.
Comment ne trembloient-ils pas ? Mais un
calme inouï présidoit à ces horribles massacres, et quelquefois les génies créateurs d'un
nouveau moyen d'extermination, les ordon-
nateurs du spectacle, curieux d'en contem-
pler les effets, paroissoient à un balcon,
ou se plaçoient au haut d'une estrade ; et
c'est là peut-être qu'imperturbable dans sa
fureur, l'oppresseur de Lyon (1) songeoit à
faire tomber les murailles de la Ville sur
les restes sanglans de ses malheureux habitans.

Et toi, première des Cités, la Capitale

---

(1) Collot d'Herbois.

de l'Empire et peut-être du Monde, tu as été tellement méprisée, que l'on t'a destinée à être le grand échafaud de la France et le chef-lieu des assassinats juridiques. Il sembloit qu'au milieu des monumens élevés par les beaux arts pour consacrer ta gloire; il sembloit, que près des cendres ou près du berceau de ces hommes illustres qui ont dicté des loix aux Nations par leur génie, ou qui ont adouci les mœurs par leurs touchantes leçons; il sembloit, que dans tes murs, où les Fénelon, les Racine et tant de moralistes éloquens et sensibles, avoient fait entendre leurs voix; que dans tes murs enfin, où l'on accouroit en foule dé toutes les contrées pour y jouir de la prévenante aménité de tes habitans; il sembloit que ce n'étoit pas là où l'esprit de barbarie devoit asseoir son règne, où la férocité devoit établir sa domination; mais les tyrans ont paru se plaire à déshonorer le nom d'une ville célèbre, et à souiller sa mémoire. Habitans de Paris, que vous fûtes dociles! Et vous, Législateurs de la France, vous vous assembliez soir et matin sans dire un mot des forfaits qui se commettoient près de vous! Vous pouviez peut-être apprendre trop tard les horreurs dont les Provinces étoient le théâtre; mais n'avez-vous pas entendu le sombre roulement de ce Char funèbre qui traversoit, chaque jour à la même heure, les rues et les carrefours de la Ville hospitalière où vous teniez vos séances? N'avez-vous pas entendu les cris de joie d'une populace effrénée, d'une populace enivrée de mensonges, ou payée afin d'applaudir au sacrifice de soixante à quatre-vingt victimes, désignées par les Juges infernaux pour consacrer la fête du jour? N'aviez-vous jamais jeté vos regards sur tant de malheureux rassemblés par un choix capricieux, et qui, étrangers les uns aux autres, réunis pour la première fois sur les bords de l'abîme, et habitués peut-être à aimer et à être aimés, cherchoient en vain autour d'eux une voix consolatrice ou une parole de pitié? N'ont-ils pas aussi fixé votre vue, n'ont-ils jamais ému votre cœur, et ces jeunes gens, ces enfans, dont les regards remplis d'innocence protestoient à eux seuls de l'iniquité de leurs Juges; et ces vieillards qui, dans la décrépitude et la langueur de leurs forces, pouvoient à peine être appelés à rendre compte d'un souhait, d'un regret ou d'une dernière pensée? N'aviez - vous pas vu passer les hommes principaux du Parlement de Paris, ayant encore au milieu d'eux un Chef illustré par soixante ans d'une rare vertu? N'aviez-vous pas vu traînés tous ensemble au supplice ces Magistrats dont les travaux avoient été consacrés à rendre avec honneur la justice, et qui, seuls pendant si long-tems, avoient élevé leur voix en faveur du Peuple? N'aviez-vous pas vu passer, je le nommerai seul, n'aviez-vous pas vu passer l'auguste Malsherbes, accablé sous le poids des ans, mais fier encore d'avoir pu consacrer les derniers accens de sa voix à la défense d'un Prince qui l'avoit appelé près de lui dans ses diverses fortunes ? N'aviez-vous pas vu passer encore des familles entières, arrachées à leur rustique foyer pour un souvenir des anciens tems, pour un acte de compassion envers de malheureux proscrits ; des familles entières où la volonté du père devoit au moins absoudre une femme timide et des enfans respectueux ?

Ah ! je n'ai pas tout dit, on le présume bien. Je sais que, vous glorifiant encore de la mort de Louis, on ne peut espérer de vous émouvoir, en vous rappelant la destinée de son illustre compagne. Vous avez provoqué vous-mêmes son jugement sanguinaire, et vous le défendez de vos forces expirantes contre l'universelle indignation de l'Europe ; mais excuserez-vous le regard d'indifférence que vous avez jeté sur tous les avilissemens dont on a fait recherche, pour accroître les peines et les douleurs de la victime ? Cet abandon dans sa prison, ce grabat, ce réduit, ce char, ce tombereau...Vous l'avez su, et vous n'avez point été révoltés de tant d'outrages. Que dis-je ? votre farouche orgueil a joui de l'abaissement ignominieux d'une fille de tant de Rois, et votre philosophie ridicule a trouvé dans les maximes de l'égalité la justification de la plus cruelle barbarie. François, vous l'avez souffert, vous avez supporté qu'on trahît en votre nom les devoirs de l'hospitalité. Vous ne l'aviez pas reçue cette Reine étrangère, elle ne vous avoit pas été confiée pour sa honte et pour son déshonneur ; mais est-il une idée généréuse, un principe de morale, un sentiment de justice qui n'aient été dédaignés et insultés par les Dominateurs de ce tems, par des hommes inhumains avec insolence, et fastueux, pour ainsi dire, dans le crime et dans la perversité ? Dieux ! que leur avoit fait encore l'incomparable sœur de l'infortuné Monarque ? Elle n'avoit eu de rapport avec l'Autorité que pour servir les malheureux de ses recommandations ; elle ne s'étoit mêlée que par ses larmes à la Révolution, et constamment attachée au sort personnel de son frère, elle l'eût suivi dans un désert, sans reporter ses regards vers les pompeux dehors de la haute fortune. Modeste et même timide au milieu des grandeurs, fière et courageuse dans les disgraces, et toujours vertueuse, toujours pure de cœur et d'esprit, toujours à son Dieu ; oui la victime étoit digne d'être immolée sur l'autel élevé au Génie du mal, par une secte impie et sacrilège. Mais un rayon du Ciel aura pénétré ses regards, un Ange l'aura couverte de ses ailes dorées et lui aura fait oublier la terre, avant que le fer des brigands l'ait

frappée. Ah ! terminons. Je n'ai voulu rappeler que les forfaits dont la Convention
n'a pu détourner sa vue ; et l'esprit succombe,
l'ame s'affaisse en y reportant sa pensée. Législateurs , vous aviez à l'avance interdit les
habits de deuil , et la frayeur, l'épouvante,
retenoient les larmes de la pitié ; mais les
cris de douleur et de désespoir , des mères ,
des épouses , des enfans et des frères , re-
demandant les objets de leur culte ou de
leur tendresse, ces cris multipliés, ces cris
déchirans , et qui ont retenti jusques aux
extrémités de l'Europe , ne les aviez-vous
pas entendus ? Vos souvenirs aujourd'hui
vous poursuivent ; mais serez-vous absous
par vos regrets tardifs ? le serez-vous par
votre repentir ? Le monstre qui faisoit trembler la France et qui vous épouvantoit vous-
mêmes, ce monstre avoit des pieds d'argile,
et cependant vous n'avez osé l'attaquer qu'au
moment où il étoit prêt à vous disperser.
Sans-doute, le scandale éclatant de ses crimes vous a servis dans cette lutte, mais les
ombres plaintives de cent mille victimes
seront-elles consolées , en apprenant que
leur sacrifice a décidé votre triomphe ? Ah!
c'étoit pour les prévenir ces crimes abominables qu'il falloit vous montrer , qu'il falloit
hâter votre courage. Quelle réparation offri-
rez-vous à la Nation pour un si grand nombre
de pertes ? Quels adoucissemens tenez-vous
prêts pour tant de larmes ? Ou quels émi-

mens services , quels traits de talent et de génie , en faisant affluer autour de vous les sentimens de reconnoissance et d'admiration , pourront dérober à la sévérité de l'opinion publique votre longue indifférence à tous les actes de barbarie dont vous avez été les témoins. Une tache de sang se présentera par-tout dans le tableau de votre Administration , et rien de près , rien à distance, n'en distraira les regards.

FIN DU TOME SECOND.

TABLE
DES SECTIONS

Contenues dans le Tome second.

Fin de la Table.

www.ingramcontent.com/pod-product-compliance
Ingram Content Group UK Ltd.
Pitfield, Milton Keynes, MK11 3LW, UK
UKHW022210120726
13694UKWH00002B/490